人生這麼巨大的傷悲，我以為我穿越了悲傷，
其逃避的結果，卻是用更長的時間溶解……。

我告訴自己，但如果時光有限，
當我創造越多喜樂的時光，那就會讓悲傷減少！

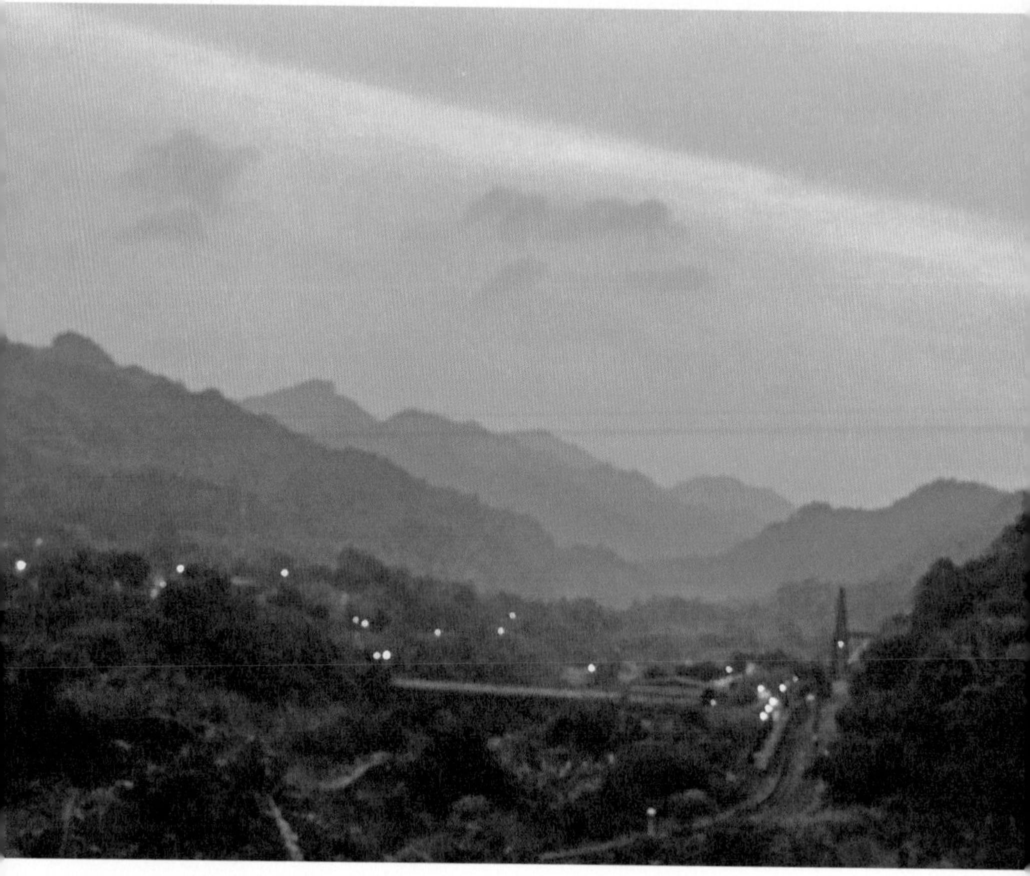

個人的故事不是唯一，人生旅途上有很起伏波瀾，是可以歸類的，所以才會有臉書的產生，串起每一個臉友陌生人的故事，又或者在社團的同溫層裡彼此鼓勵⋯⋯

失去另一半，是缺了一半的圓，註定要先仆倒在地。
我嘗試再撐起來，悲傷是愛的代價，我書寫苦痛，
請悲傷仁慈地對待我。

悲傷吧，沒有關係

孫嘉蕊 著

推薦序

走在崩潰的懸崖邊，始終沒有放棄自己

資深媒體人／李艷秋

捧著嘉蕊這本書，像是捧著她血淋淋的心，眼睜睜看著這顆心無助、掙扎、傷痕累累，好想用OK繃把傷口貼起來，或是有個釘書機可以把裂縫補起來。可是，除了跟著她的文字一起驚濤駭浪，除了隨著她的創痛一起淚流滿面，我們什麼都做不了，什麼忙都幫不上，這種無力感，真的讓人很痛苦。

嘉蕊在面對崩天裂地的新聞時，總是像座沉穩的大山，冷靜的發號施令、調兵遣將，條理分明的制定採訪計劃，給前線打仗的同仁安排好所有的支援，只有她微微顫抖的雙手，洩露些許澎湃激動的情緒，那是一個新聞人在碰到歷史性的大事件時，從靈魂裡燃燒出的悸動。

在同事眼中，嘉蕊是值得信任、讓他們沒有後顧之憂、總是護他們周全的長官；在長官眼中，嘉蕊不但是常勝將軍，更是一位不安現狀、力求突破的前瞻者，新的想法、新的計劃源源不斷，不論上司下屬，嘉蕊對他們而言，都是一個幸福安心的存在。

但我們不知道，當嘉蕊在人生中失去讓她幸福安心的力量時，她會怎麼樣？我們後來心痛的得知，嘉蕊這兩年來，都走在崩潰的懸崖邊，人生中排名第一的力量驟然消失，她隨時都會墜落。

嘉蕊始終沒有放棄自己，她會在跌落前一刻，爬著去急診室求救；也遵循醫生的協助，從信仰、工作、拍鳥、下廚、做公益中試圖找到重心，她用各種方式想拉自己一把，這本書也是她試圖治療自己的方式之一。

嘉蕊在書寫這本書的時候，看得出情緒及心理狀態的不穩，每個字都堆積著滿滿的淚水，那真的好痛，是揪心捶肝，看不到底的痛。她的記者之筆依舊條理清晰，用詞精準，情深意切，對先生治療癌病過程之累，以及自己對抗身心症之苦，全都鉅細靡遺的記錄下來。

我其實不能確定嘉蕊出版這本書是不是對的？但如果每看過一個人，就能減一分嘉蕊的痛，那就出吧！我們雖然什麼忙都幫不了，但我們可以讓嘉蕊知道，她並不孤單，她的故事，讓更多人獲得力量，更珍惜所有。

嘉蕊，我們都在，可以的話，繼續寫吧！

推薦序

最好的陪伴，就是默默閱讀本書

旅行作家／邱一新

從在TVBS認識嘉蕊，迄今已近二十載，每次遇見，她都呈現一種專業、積極、捷思、樂觀、理性和給予者的形象，為媒體人形塑一個仰望的典範。

突然間，她用這本書揭露自己脆弱真實的一面，我們才恍然驚覺二年來她暗自經歷了痛失摯愛、記憶折磨、睡眠障礙、身心症困擾……像這般如法國精神分析學家艾比亞勒所言「坦然脆弱，敢於脆弱」的勇氣，委實令我震驚、敬佩與珍惜。

雖然她挖掘的創傷記憶是許多人遲早要發生的共同面對，只不過多數人會選擇隱藏真實的情緒，寧可在暗處自虐、在黑夜中泣不成聲，也要裝作若無其事的樣子。

面對人生的各種失去，包括摯愛、親情、健康、戀情、婚姻、工作、智力等各種失去，周遭總有許多伺機而動的「關切」，鼓勵你「正向思考」，企圖「幫助」你早日回到「正常生活」，殊不知這種「關切」有時候比冷漠還殘酷。在書中，我們發現，作者的選擇是沉浸在自己的哀傷裡，明顯是為了拒絕遺忘，企圖延續過去的幸福記憶，或也是刻意與自己取得和解的一種生存方式，就像希臘式悲劇，面對人生的各種困境和苦難，最終會衍生出一種體認：比起遺忘或失憶，選擇悲痛承受會讓人生更加完整。況且，記憶像迴旋鏢一樣，丟出去又會轉回來，沒接好還會傷到自己。

為什麼要勉強自己正向思考呢？什麼又是正向思考呢？

為什麼一定要治癒創傷記憶呢？什麼又是治癒呢？

人生的若干失去，若能勇敢地去面對、去思考對於生命所帶來的意義，有時候未必是真正的失去，說不定還可以幫助自己更加了解自己，行過「死蔭的幽谷」。

在這個黑暗時刻，嘉蕊做出一個決定：書寫——也是我的建議，讓「關切者」有機會成為一個好同事、好朋友，去了解她的真實心情和感受；甚至，為那些同樣深受其苦者發聲，原來他們的世界是這樣過日子這樣看事情的。

可嘉蕊的書寫，勢必一次又一次地召喚記憶，鉅細靡遺的挖掘自我，與自虐並無二致，所帶來的創傷和悲痛難以名狀，致使她的書寫具有普世意義——書裡有許多描述，正是那些失去者共同面對的景況，或許，默默地理解，便是旁人對他們最好的關切，我相信這個「提示」，也是本書最重要的價值之一。

本書之令人動容也在於，人在世上消失了，透過「再記憶」（rememory）可以把那個人的樣貌、聲音、舉止和互動，依舊保存在他曾經生活的空間，說不定這是失去者在悲慘世界中通往幸福時光的唯一通路。

所以，為什麼要強迫自己壓抑記憶的召喚呢？

但這種反覆仰賴再記憶來提供「不真實的存在」，往往成為一種令人不勝唏噓和困擾不已的創傷記憶，慶幸的是，嘉蕊透過意識流書寫、透過細節的敘述，又找到另一種重返幸福時光的方式——無可避免，哭完了還得繼續寫下去，但我確信她已經有了面對絕望的薛西弗斯式勇氣。

媒體的本質是挖掘，不只是要求真相，更大的意義在於，不容許遺忘，身為媒體人的嘉蕊選擇書寫，或許也有這個潛因，可她需要比旁人更巨大的勇氣，甚至冒著輿論審判的風險，但她沒有因此卻步，我愛故我在，在字字血淚中挺身而進，還提出她回應悲痛的方式一二。

譬如遁入山林拍攝飛鳥、創立「愛做菜」社群，皆是嘉蕊近二年嘗試攀爬的布魯克斯「第二座山」，提醒自己也提醒失去者，在這個世界上仍有許多美好值得去追求，因而活出意義來。

所以，閱讀本書更積極的意義，不在於探究忘年之愛的來龍去脈，而是去理解失去者的心理運作，如何與創傷記憶搏鬥，又如何面對活著這件事。

這本書的生命故事固然屬於個體層面，但作者刻意扮演創傷記憶捍衛者的勇氣，對那些同樣念茲在茲的失去者，頗有淑世價值——勇敢地去追索內心世界的甜蜜與酸楚，若從這個角度來看，回憶便成為作者的悼念儀式，書寫便具有轉移創傷的十字架意義了。

就像大文豪馬奎斯所言「生命中真正重要的不是你遭遇了什麼，而是你記住了什麼，又如何記住」，嘉蕊便以這種「活著是為了說故事」去回憶、去書寫、去創造另一半還活著的永生意義，頗有一種魔幻寫實的味道——由此觀之，或許我們對「作家孫嘉蕊」的認識才剛開始。

我一向主張，朋友間不多問是一種關照，也是一種情懷。

所以，作為她的同事與朋友，或許最好的陪伴，就是默默閱讀本書，當一個好讀者。

自序

悲傷吧，沒有關係

人生真美好、我有一個美好人生。這兩句話多麼吸引人，幸福是一種知覺，有人生命坑疤坎坷，仍感恩幸福。有人看似人生勝利組，翻過面來，卻沉重地難以自承。我有一張漂亮的社會成績單。因為知道自己新聞工作是志業不是職業，我用園丁的心情工作，面對我花園的主人，廣大的受眾。上天也很寵我，讓我二十多年的職場生涯裡，即使有波浪，但終究付受相等。生命不是單行線，人生再美好，都有破洞，上天只是很平等地，讓我經歷生離死別，但這一頁，我翻了很久，翻不過去。上帝帶走我二十五年的最愛，所有的智慧，在這個關卡上，我卻像一個只會撒野的孩子，哭鬧的最後，我的心病了，我的靈傷了，我一路顛簸。

連續一年半的失眠焦慮，輾轉看了各大醫院，五六個身心科主任，我還是得不到一個好覺。每天三四個小時的睡眠，撐完順利轉播完奧運，我請了二十五年職場生涯裡，第一個長假，三個星期。

其實還是不夠的，我有那麼多的悲傷沒有處理，面對工作的無形壓力，我的焦慮在上班時，已經成為大腦記憶模式，肩頸緊繃，背部就像被無形繩索，兩端用鉗子緊緊坎住，我以為我早已習慣工作壓力，但未被溶解的悲傷，一直都在，啃食我的靈魂，讓我在憂鬱和焦慮中來回的擺盪，我已經與行屍無兩樣，熟稔的工作模式，只是自動導航，在需要決策的工作裡，我的大腦唯一清醒的空間。其他，早已散落癱倒在地。

請了三個禮拜的假，因為我已經沒有退路，對睡眠問題的絕望，知道再不停下來，人會垮掉，就來不及了。事實上我可能需要至少一年，甚至更多時間來處理我一直逃避的悲傷。

這段時間，凡是對我有所幫助的，我都去做，吃藥、心理諮商、能量治療、中醫針灸，我是那麼努力地想讓自己變好，卻在半年間不斷往下。我拍鳥，我畫畫，我做菜，我參與公益……這麼多的事用來逃避悲傷，然後發現，悲傷還是在那裡孤零零地等著我。

兩年前，我失去了我的摯愛，如果生命有排序，他就是第一。其他的對在最糟情況下的我來說，其實都沒有太大意義。工作成就、拍鳥樂趣、朋友往來、做菜社團……一樣樣都因為第一的失去，慢慢慢慢地失去意義。

照顧先生的三年，癌症復發，我們更加相愛，最後半年，我一直祈禱上帝給我們多一段時間相處，給我多一點時間準備，當摯愛的大樹在三天內急轉直下，我是盤延而上的藤蔓，散落癱軟一地。我還記得自己多麼平靜地送他，放著他最愛的《月光》為他淨身，唱《月亮代表我的心》為他蓋棺。

之後我投入工作，在休假那兩週，我痛哭哀號，以為門廊上來的烏秋是他與我的對望，認定音樂台播放的《月光》是他送來的相思曲音。兩週後上班，我只允許自己哭一分鐘，不敢想、不敢望。外表上平靜無波，現在的身心科醫生告訴我，我有 unresolved grief（未解決的悲傷）。

親愛的，對不起！我以為不看就可以把悲傷藏到底處，原來它還是孤零零地站在那裡。我不敢整理衣物、照片，我害怕自己沉下憂鬱海，浮不上岸，但終究我的悲傷沒有溶解。休假前，我在博客來書店打了喪偶兩個字，跑出一堆書，我選了《死亡與生命手記》、《我還沒準備說再見》、《面對失去，好好悲傷》，**It's ok that you're ok**，我想自療。我不是世上唯一失去一半的悲傷者。我需要有人告訴我，如何處理巨大的哀痛。

每個人都有悲傷，臉書上我分享拍鳥、做菜、公益，不代表我安頓好了我的身心靈。每一個悲傷者，可能是失去父母、伴侶、子女，甚至是最好的朋友或者是你最愛的寵物，悲傷不能比較。

悲傷吧，沒有關係。悲傷的存在，代表我還能知覺，我要正視你。

這一頁何時能翻過去？我不會像勵志作品一樣，寫一個充滿陽光的期盼和結局。我只想很誠實的面對自己、說一個努力想翻頁的故事。

目錄

復發的衝擊

時光回到五年前的八月。飯桌上，他一直靜默著。突然放下碗筷，輕輕地說，例行的回診好像有點狀況，吳醫生說要再去仔細複檢。我心一沉，復發了嗎？二〇一〇年先生得大腸癌2A期，經過開刀，五年來，我常常驚夢癌症復發，現在是在夢境之中吧……

複檢日期排了嗎，越快越好。我立刻回神，打給醫院公關秀珍，請他幫忙務必往前調整複檢日期，這一頓，再也吞不下任何一口飯菜。

當年他大腸癌開完刀，我就告訴他不要再喝酒了，喜歡交友的他，天天和朋友小酌，然後依然菸不離手，我的勸誡，已經變成嘮叨，我不想成為嘮叨的女人，但我自責，是我的縱容，才導致他癌症復發，這五年他每天過著和發病前一樣的快活日子，我卻常常惡夢中驚醒，如今惡夢成真了！

自責的不只如此。在檢查出異狀前一個月，我們才在附近租了一塊靠山的農地，每天我六點多起床，就往農地跑，拔草、墾土、整地、播種。我清晨上工，傍晚換我先生三四點去除草，繼續我們的田野生活。我們在田地的門口，立起一個Sunny's的甜蜜招牌，在入口架起一座絲瓜棚、讓它也爬上百香果，田邊一個廢棄的浴缸，我們買了荷花鋪滿一缸。農地邊一條小溝，也長滿了睡蓮，溝裡有魚有蝦。我們享受一個月流汗播種，種九層塔、生菜、番茄……，這麼快活健康的日子，你怎麼會癌症復發？

我深深自責，是我要過都市農夫的生活，才會租下這塊地。我每天上班前，享受荷鋤墾土的田野時光，他也每天汗流浹背回家，梳洗完後，就和朋友喝小酒吃晚餐。我長年的新聞工作，都必須到八點半才回得了家。是我把他搞太累了，才讓癌細胞有機可乘。我用這樣的邏輯不斷自責自己、是我害他癌症復發的。

為了證明自己的邏輯，我還問主治醫生，是不是因為他太辛勞才會癌症復發？醫生告訴我，一個月運動，不會讓癌細胞長成五-八公分。聽了醫生的說明，我並沒有變好，反而強迫症似地，捶胸頓足地失控痛哭，都是那塊地害了他，都是我害了他。常常還要他抓住歇斯底里的我，讓我冷靜下來。

理性的我知道，這是人們受到人生重大衝擊時最直接的反應——責備自己。但我就是不能控制地，找所有線索，是我沒有擋著他抽菸喝酒，是我要種田害他太勞碌，是我、一切都是我，無可自拔的自責。這樣不健康的心態，把我逼進身心症之門。

複檢結果，在肝臟分別發現八公分、五公分的腫瘤。三總找出腫瘤、肝臟外科主任共同會診。原主治直腸外科主任說，你們不要太緊張，就算復發，也不會馬上怎樣，再壞也還有一年半載，復發的病患裡，也有人生存率超過八年的啊。你們就先聽聽腫瘤科看怎麼處理，然後好好過日子，如果能開刀，平均也有三年好日子可過，就好好享受人生，去看看山看看海⋯⋯。我真的不知道這些話是安慰還是打擊。

經過正子攝影明確定位，腫瘤科和肝臟外科會診結果，由腫瘤科主任來向我們說明，他輕鬆地說，孫小姐，你們放心，我們先化療三個月，把腫瘤先縮小，然後再請肝臟外科主任親手操刀，取出腫瘤。為了避免還有癌細胞殘留，手術後再做一次化療的流程。放心，沒事的。聽完會診，我依然不斷搜尋相關資訊，大腸癌轉移肝臟開刀後五年存活率只有百分之二十⋯⋯但也不斷找抗癌成功的案例，一遍又一遍，在擔憂和鼓舞之間擺盪。

我先生曾說，我是一個很難搞定的女人，因為我專注，當我專注工作上，二十幾年的職場生涯，一路被晉升拔擢，此刻我專注尋找抗癌的方法，卻又失控專注於責備自己。新聞場上天災人禍，地震、颱風、火警、摔飛機、再大的災難現場，我都可以保持鎮定，從容不迫地調兵遣將；如今面對我的最愛可能消失，在日子未來之前，我已經先發了強迫恐慌症，上班心神不寧，腦袋彷彿有個黑洞，不停吸收負能量。每天深夜兩三點還在找資料，或者半夜驚醒，每天醒了，就不斷自問自答，怎麼辦？怎麼辦？

於我，天要塌了！

　　勇敢的他，情緒沒有太大波動，朋友關心時，他都只淡淡地說，嘉蕊為了他犯憂鬱症了，如果當下看到我們兩人，我可能還比較像病人。表姐的兒子學中醫，表姐一家人特地來看我，外甥幫我把脈，脈象紛亂，其實我已經自主神經失調，失眠、胃痛、胃食道逆流，在陪先生抗癌之前，我像一個戰敗的小兵，毫無頭緒地卸甲繳械，孤立在戰場上，敵人還沒有開戰，我已癱軟。

化療未開始，我進精神科

先生化療還沒開始，我就先進了精神科。等待複檢過程，我整個人恐慌到無可自拔，為了打這場未知的仗，我必須冷靜下來，只好求助精神科。

朋友介紹台安醫院有位女醫生，也是基督徒，於是生平第一次來到精神科看診。

台安醫院精神科診室外，姐姐因為不放心我，從紐西蘭趕回台灣陪在身邊。另一旁坐著一位清瘦、眉間有一股憂鬱神情的婦人，看見我脖子上的十字架，輕聲地問我，你也是基督徒？我回答「是的」，她說她也是。她問我，你為什麼來看精神科，我說因為先生癌症復發，我已經緊張到無法自控，這是我生平第一次看精神科。那您呢？婦人回我，喔，我先生一年前走了，我現在看憂鬱症……37號請進診間。這樣一句話就輪到她看診，沒能多說什麼。我對旁邊的姐姐說，她先生已經走一年了，她還在悲傷中，看憂鬱症？當初的我，完全不知少了另一半，將是多巨大的悲痛。

我先生二〇一〇年發現大腸癌二期，當時發現、開刀，沒做化療，只吃一段時間的化療藥控制，就這樣，很快回到日常，忙於工作的我，在他得病時擔心過，但當時很不真實地從發現到開刀不到一個星期，我還來不及太多驚恐害怕，他已經開完刀，然後很驕傲地告訴我，醫生跟他說，日常作息都不必改變，開心過日子就好，最重要的是，酒可以照喝，得大腸癌還可以喝酒？我跟他吵也沒有用，他不喜歡嘮叨，每次搬出醫生的話反駁我，而這樣快活的日子，也確實過了五年，肉照吃，小酒照喝，以為過關了。

以為過關了，癌症細胞卻悄悄在他的身體移動了，從大腸癌轉移到肝臟，正子發現肝臟分別有五公分和八公分的腫瘤。他比我勇敢太多。我已經不知所措。瘋狂google大腸癌移轉的所有訊息，開刀法，存活率……。上班之外，強迫症地一遍又一遍，彷彿可以從裡面找到生機，原生大腸癌的十年存活率是百分之八十，但轉移到肝臟就只剩百分之二十，絕大部分落在三年之間。半夜我無法入睡，不斷繼續看著早就看過的相關資訊，我也病了。為了日後好好照顧先生，我想我得先看身心科把自己鎮定下來。

朋友介紹我到台安，每週一次的看診，一個月內，我被「治療」從五十四公斤暴瘦到四十七公斤。我不知道治療身心科的藥，為什麼把我整得不成人形。每次女醫生問診都半小時以上，我告訴她我的症狀，睡不著還有無法自控的不停憂慮。結果我吃了藥，每天只能從十點半，睡到兩點多，心臟碰碰碰地跳著，數算秒數到天明，白天上班，我幾乎無法靜坐，全身上下都不對勁，也同理心理解了先生化療吃不下的痛苦，面對食物你真的吞不下去！最難的是，到底是你憂鬱症的症狀讓你食不下嚥，成行屍走肉，還是藥的副作用讓人不成人。這是我人生第一次和身心科交手，我完全挫敗，原本想自己不能先倒下，因為還得照顧和癌症拚鬥的先生，沒想到先垮的是我！

我先生非常勇敢，反而是照顧他的我，在姐姐的陪伴下三天兩頭跑急診，身心症藥物極度不適應，必須一再調整，醫院一個禮拜只有一次診，藥用的不對，得受苦一週再來試試其他的藥，就這樣身心俱疲的我，在新聞台工作上班還要做決策，睡眠不足，血壓心跳飆高，人疲累卻無法入睡，常常跑到急診室能打一針鎮靜劑讓我休息一、兩個鐘頭，那一個月身心煎熬的恐怖，讓我對身心症科有莫大恐懼！

你問我怎麼好的？我要感謝身上的十字架！姐姐是虔誠的基督徒，一聽到我先生癌症復發，就知道妹妹承受不住，特別從紐西蘭請假一個月，回台灣陪我。我吃不下，她就燉蛋，為了保護我的胃，每天打秋葵汁給我喝。但一個月下來，我的狀況沒有變好只有更差。就在姐姐機票到期要回紐西蘭的前一天，我到三總急診，當時的精神科主任葉啟斌，特別空出時間為我看診，他了解我的狀況，看了之前醫生開給我的藥，他告訴我，孫小姐，你不是憂鬱症，你需要一個好好的睡眠！因為我有宗教信仰、親人陪伴、運動，我做一切可以安定身心靈的事，狀況依然很慘，台安開的是史蒂諾絲短效安眠藥，讓我每天三四小匙藥效結束後就驚醒。白天身心科的抗憂鬱症藥，刺激腎上腺素或干擾血清素的藥種，我都無法適應。事實上，這種睡眠品質，再好的身心藥都不可能發現發揮功效。三總葉主任先解決我的睡眠問題，開了長效安眠藥給我，其他身心藥叫我都不要吃了。當晚我手拿著三總的藥，姐妹淚眼相對，希望上帝保守，真能一夜天明。

第二天果然七點起床，而且那一剎那，我覺得變回人形，所有正常知覺感官情緒都回到正常。可見睡眠有多重要，一個好覺，讓我深信是上帝在姐姐離開前，出手拯救了我，我這樣的想著，如果之前身心科真的把藥開對了，沒有強烈副作用，我可能就必須要一邊吃身心科的藥，一邊照顧先生。此時我只吃了三天的安眠藥，信仰的力量，告訴我一天憂慮一天擔，趁著農曆年假期，我停藥，而這一段時間的折騰，也種下我對身心科藥物的千恐萬懼。

而今，在先生走了的一年後，我又再度走進身心科診室，人生這麼巨大的傷悲，我以為我穿越了悲傷，其逃避的結果，卻是用更長的時間溶解……。

化療開始，勿亂投醫

化療終於要開始了……

每一次都要住醫院三天兩夜，先打止吐劑，葉酸當基底。重點就是幫身體先築防護牆。最後才打化療藥。化療不只是副作用，最磨人的是，它會一起摧殘你原本健康的細胞，全身攻擊，降低免疫和抵抗力。兩週一次，打完回去養生身體，恢復體力，隔週再來！

每次排化療住院，我還在上班，調皮的他就會 Line 我，「牢房 6-20，下午一點半入住，請勿帶太多食物，食慾不佳」。第一次化療，一開始體力還可以，沒什麼特別感覺，只是人有點累。在化療之前，我搜集所有資訊，焦急找三總營養師，我能做什麼。於是我買了喝的高熱量營養品，以便他食慾不振可補充體力。還要左旋麩醯胺酸，這是防止黏膜破損最精純的營養品。能吃盡量吃，不用太忌口，化療最怕病人沒有食慾，吃的太少缺乏足夠準備抗癌體力。

我從身心科被上帝拉回現實時，我就開始轉念，與其不斷憂病，先生未倒我先倒，不如想辦法把心思放在，如何抗癌，怎樣讓他在抗癌過程，減少痛苦。

化療的副作用一直到第三次，就開始發威了。我先生全身感覺不舒服，我問怎麼個不舒服法，他說不上來，就是不對勁，口腔黏膜也開始破了，因為化療藥會破壞新生細胞，黏膜是每天增生的新鮮細胞，化療藥副作用，黏膜破損。口腔黏膜破損就會直接影響進食。這時候每天都要服用麩醯胺酸，燒燙傷患者就是用精純麩醯胺酸補充傷口蛋白質。價格不便宜，但是最好的保護黏膜的保養品。

為了打這場仗，我買一堆抗癌的書，買了陳月卿照顧肝癌先生的精力湯調理機。每天早上一起床，燙蕃薯葉加上蘋果，或火龍果，或柳橙，每天一杯果汁，每天每天。

當人重病的時候，也是最脆弱的時候，最容易病急亂投醫。即便身為新聞總監的我，看過那麼多詐騙病人的新聞，我依然只要有人告知吃什麼可以抗癌，我都寧願去試試。於是什麼都來了！

先生小學同學的一個兒子，在做營養品直銷。聽到我先生生病，立刻約我們見面，他說兒子在美國念的就是抗癌藥學，也在各處演講，反正聽聽無妨，我們就請他到家裡說明。結果他一到我家，就拿出一整把，真的是一整把，十幾顆營養品，有B群、維他命D、魚油……真的一大把，他說他每天都要吃，然後跟我們要了一杯水，當場全數吞下。他很詳實地告訴我們，各項營養品的功效，然後說他的師父，也是大腸癌，後來還做了用咖啡水灌腸，怎麼灌？從屁股插進管子然後灌咖啡水啊！聽得我和先生對看一眼，瞪大了眼不敢置信，這樣抗癌？我問那你師父呢？灌腸三個月後走了，多活了三個月啊！我的天啊，這是什麼生命品質，痛苦無尊嚴至此。我謝謝他的咖啡灌腸法。然後他說營養品你一定要吃，魚油可以穩定神經，沒錯。維他命B群可以強壯體質，沒錯，維他命D可幫助光照不足，也沒錯。那當下，好像被催眠一樣，我拿出了信用卡，他一刷居然刷了兩萬多元，在未經我的同意下！因為是先生同學的兒子，也認了，後來寄來的營養品，我分送好多人才消化完。我還記得我問了他一個問題，你每天都要吞這麼多營養品？他說我都是上午一杯精力湯，把營養品全丟進去一起打，然後喝掉……人病了，腦子還沒壞，先生把他送出了門。

還有一次，我看到記者採訪了一位抗大腸癌的成功者，我就跟這位女孩聯絡，想討教她如何抗癌。結果她來時，又帶了另一個直銷員，女孩跟我說，她都喝一種果汁，裡面有很特別的酵素可以改變體質，其實我看出女孩的眼神有些閃爍，旁邊的直銷員，拿出一堆證言是的廣告書刊，告訴我很多人都喝好了。癌症喝酵素果汁會好？我智商還可以，雖然憂慮，也還不到無智狀態，但既然是我找人家來的，只好買了三瓶，一瓶一千多元。喝起來就像果汁，我先生只喝半瓶，後來根本不喝，說比我打的果汁更難喝⋯⋯。

還有同事介紹了一位據說是喝粉狀類的營養品，抗癌成功，這位個案還是華航機師退役下來，直銷營養品。他也住內湖，聯絡當晚就立刻來到我家，他拿出兩罐奶粉，就說喝法，保證有效，如果一開始拉肚子就是在排毒，我內心OS那是乳糖不耐症吧。退役機師口沫橫飛說了許久，還把創辦人某某博士上新聞雜誌的報導給我看，不知名的雜誌。重點是一罐好像將近萬元。我當下告訴他，我們考慮一下再通知你。結果你無可想像有多奇妙，第二天中部警方破獲詐騙集團，首腦某某某謊稱從瑞士進口的營養品可治癌，代理進台改變包裝，獲利上億元。這位博士居然就是昨天前機師口中的創辦人。是上帝要我們靜下來，好好接受正規治療，別再胡思亂想了。後來我還打電話給機師，你們創辦人被抓了，他只有國小畢業，不是×××Dr.。

回歸到醫院的正規療法，病人所受的苦，依然非他人所能感受理解。一次又一次的化療，改變了我先生的體質和觀感知覺。特別是對於食物，再多的美味對他來說都沒有意義。我必須先想辦法，讓他願意進食，才有體力對抗癌細胞和一路摧枯拉朽、善惡不分全部攻擊的化療藥物。我先生是個不吃隔夜飯，嘴刁到不行的美食者，他不需要大菜，卻要求四季豆要斜切、豆乾炒肉絲的豆乾，要平刨五等分再細切成絲，而我每天工作回家都已經八九點，我們家幾乎天天外食，他固定晚餐只在兩家餐廳互換。廚師都會按照他的菜單做菜，現在他連想吃的菜名都沒有胃口，怎麼辦？

就這樣，四十五歲的我，開始走進廚房，我來做菜，你想吃什麼，想怎麼做，告訴我，我每個週六日，開始我的廚娘人生。

廚娘的抗癌時光

至此，我要說一個廚娘的故事。

有一個女人，四十五歲前從不進廚房，她花很多時間在工作上，還有陪伴親愛的先生到處吃喝玩樂。有一天，先生病了，藥物的副作用，使他的味覺失去敏感度，還有失去健康，失落的心情。深愛先生的女人，有一天突然想到，先生那麼愛吃，每天卻只能外食，於是她開始進廚房！

在一起二十多年，我先生給了我工作最大的空間，每天我六點多，必定先閱讀所有報紙訊息，當採訪主任時，每天七點半就要上班，一直忙到晚上九點才回到了家。他三餐外食，每天早餐都是燒餅加蔥花蛋，中午也是隨便外食，晚餐則在兩家熟識的餐館，他點菜，不必照菜單，想吃什麼就吃什麼。但化療開始後，化療使他失去胃口，餐廳如一的菜，吃的分量越來越少了。當我從恐慌症被上帝救回成正常人，我冷靜下來後，想盡辦法要增加他的體力，好接受化療準備開刀，於是我開始學做菜。化療最容易掉的就是白血球指數，如果白血球指數不夠，就必須回去補充營養，白血球指數提升到三、四千左右，才能做化療。

生平第一次走進市場，豬肉有分俗稱嘴邊肉的雙頰肉，Q彈的肩頸肉，又稱松阪肉，最嫩的二層肉就是豬背脊肉，大里肌、小里肌。蹄膀前後蹄也各有不同。有些攤販欺生，看我就知道是不常下廚的生手，會拿比較不新鮮的菜，或價錢算貴給我。為了提升白血球，要多補充蛋白質。我先生很喜歡吃牛肉麵，我第一道手作菜，就是牛肉麵。腱子牛肉切塊，先煎鎖住肉汁，細切洋蔥炒軟，焦糖化，這是一種食物分子結構的改變，在變焦之前，焦糖化的食材會散發獨特的香氣和甜味。然後再放進切塊的番茄一起炒，辣豆瓣醬再炒，下牛肉，放水開滾後小火溫燉一小時後，悶十五分鐘，再用小火溫燉一小時。當我打開鍋時，撲鼻而來的香氣，瀰漫到客廳，他聞到了，下麵條，上牛肉麵，他笑了。我的第一碗番茄紅燒牛肉麵成功了，他整碗吃光，越發增加我下廚的動力。

他愛吃魚，原本只認識吳郭魚的我，開始在魚販攤上，認識馬頭魚、石斑魚、黑喉、紅喉、紅條各種魚種。清蒸香煎，港式蒸魚，魚要先蒸過，再用熱油淋身，這是正統港式蒸魚。先生愛吃肉，我學東坡肉、獅子頭，按著 YouTube 頻道，一道道，按照步驟學。但獅子頭他有家傳祕方，要在肉團裡加米花，一方面吸油，更增加獅子頭的柔軟口感。先生愛吃的每一樣東西，酸菜炒牛肉，我都能奇妙地變出一道道美食。以前連洗碗都洗不好的我，練就出有耐心一刀刀把一片豆乾刨成五薄片，再細切成絲，再按說一口好菜先生的交代，炒豆乾一定要先過水，去豆味軟豆絲。

每個六日，上市場，備菜，除了家常菜，我還學做手路菜。紅蟳米糕、螺肉蒜酒家菜，以前常上海產店吃過的小卷米粉、沙公沙母粥，不要懷疑，為了變花樣，就為了讓他能多吃一口。假日上午上市場，中午小吃，下午他在客廳休息，我就開始備菜，那隨手就是一桌菜的時光，先生吃飯時笑了，這一切只為了他嚐菜時的一抹笑。

當時每做一道菜，就當作創作，忍不住拍下照片，意外地，發現也有同事喜歡做菜，也愛拍照，大家都是孤芳自賞，靈機一動，就創立了一個愛做菜社團，開放的平台，人人可加入。因為做菜，我感受到與愛人的相連，那是情願做和由心而生的喜悅。沒想到這個社團五年後已經增加到十幾萬人。先生走後，我還帶著社團的公益主廚團，去了三趟麥當勞叔叔之家，做公益晚餐；也幫安德烈食物銀行弱勢家庭，義煮母親節大餐。當時的初衷是為了愛人，現在社團長大了，公益之路也是當時成立社團的目標之一，小愛化為大愛，這就是愛做菜的終極目的。

回到做菜，從做菜過程，我得以靜心，不在憂慮先生的頹廢心情中打轉。我告訴自己，但如果時光有限，當我創造越多喜樂的時光，那就會讓悲傷減少！每一刻，只要他還在我眼前，就是喜樂的時光。

生病體弱，他很不愛到戶外運動，卻酷愛手上運動打牌！為了他除了做菜，我再學打牌，伊人不入山林，我帶喜樂自來。當然我就是那個每次的魯肉腳、待宰的羔羊。當初有一對夫妻每週六日到家裡來，我要準備晚餐，下午先備好菜，傍晚等夫妻到先打八圈，然後我以最快的速度，快炒牛肉，或者一邊打牌一邊看火的滷蹄膀，總之半小時內變出五菜一湯，吃晚飯，再以跑新聞的速度洗碗清理廚房。然後再陪老爺打八圈。

人生最快樂的是懂得珍惜，我不敢想上帝還會給我們多少時間，我緊緊地握著每分每秒，我發現只有我快樂了，他才會快樂，足以暫時忘掉身體苦痛的悲傷。就這樣，一路哭哭笑笑，是他的病真正教我學會了什麼叫愛！就是隨著他哭，隨著他笑，無條件地願意用一切換取他的喜樂。

很快地第一階段化療完成，腫瘤分別縮小到五公分和兩公分，肝臟外科很快地排定時間開刀。我先生排第一刀，三個半小時後，手術完成，開刀的主任要我進去看取出來白化的腫瘤，他說有問題的淋巴，他也一併拿除了，應該拿的很乾淨了。感謝主！

雖然之後還要再一次化療的過程，但至少已經又過了一關，我會陪著他，我們一起把苦痛縮短，讓快樂延長……。

手術順利、同溫層的溫暖

第一階段化療結束，正子攝影照出肝臟腫瘤分別縮小成為五公分和二公分，腫瘤科主任說這是很好的反應，孫小姐，我們請第一把交椅肝臟外科主任操刀，沒問題的。結果在測量各指數的時候，發現先生之前甲狀腺亢進的指數又高了，可能是被化療藥誘發出來，院方擔心開刀會造成甲狀腺風暴，有危險，因此又要延後開刀。這些醫學上看來非常合理的處置，就是會讓我突然地抓狂。雖然做菜，轉念懂得不要在憂慮中只會憂慮，但偶爾我還是會一次次歇斯底里地爆發，因為我對癌細胞是如此地無能為力，我憂心在等待甲狀腺指數下滑到正常值期間，又沒有化療，腫瘤會不會再長大，我一度在醫院走廊大聲吼叫，為什麼？

為什麼會引發甲狀腺亢進、還要等年後才能開刀。復發期間以來，我先生除了有天在化療病房突然啜泣兩聲，自此沒有情緒失控過。反而是我，所有的無能為力轉為壓力，每每在一段時間後就狂爆一次。

太深的無能為力，我只能陪伴，不能分擔他苦痛的萬分之一。就像甲狀腺指數突然升高，沒辦法，就是要等，等兩週，又碰到過農曆年，刀排在開診的第一刀，祈求上帝保守平安。

終於盼到開刀的日子到了，等了三個多小時，我被叫進一間小辦公室，操刀的郭主任，指著鐵盤上的白色組織，他說，這就是腫瘤，如果不割除，不斷吞噬健康的活細胞，我先生切了三分之一的肝。郭主任說，他連有可能轉移的淋巴也一起取出了，應該拿的很乾淨了，感謝主！

螢幕上的資訊，很清楚地排列每個開刀房的進度，開完刀後送進恢復室，跑馬燈通知，家屬已經可以探望病人，當我見他悠悠然醒來，眼睛還對不上焦，我摸著他的臉握著他的手說，醫生說開的很成功，腫瘤都拿出來了，是欣喜是心疼兩行清淚。

這樣磨人的過程，台灣分分秒秒都在上演。得癌症的人，抗癌的過程，在網路相關粉絲團上，也有許多令人感動的故事。除了買書，我也加入同溫層的社團，看看別人在什麼情境下，會發生什麼，或者當什麼事發生的時候，你該怎麼辦。開完刀，不代表離癌了。還要再經過四到六個月的化療，確認癌細胞在血液中已經完全清除，再透過正子攝影確認。這些過程我都了解，但我不能放下的是，那為什麼轉移開刀後的五年存活率只剩百分之二十，復發機率達百分之八十，一向最壞打算，最好準備的我，做任何事，這招都管用，凡事要有最好的準備。可是對於癌症，最壞的打算就會讓你在負面的漩渦裡不斷打轉，幾乎將你淹沒，然後你完全沒辦法做什麼最好的準備，因為你不知道，病人會發生什麼狀況。於是我只能從社團裡，找相似的病例，或者發問等待有沒有解決的答案。不要以為醫院和醫生會回答你所有問題，就像社團社友說的，他們沒有罹癌，只是標準化操作，不舒服的任何症狀只能緩解，每週才一次的看診時間，真有不舒服緩不濟急！就像不斷化療，不但破壞了口腔黏膜，四肢末梢神經也受到影響，還有皮膚不能像平常人一樣增生健康細胞，於是皮膚龜裂，掉屑，有時因為太乾發癢，抓到雙腳血斑淋淋，買了社友建議的乳液，還有口腔膠，只有化療停止，一切才能自動好轉。

原本要六個月療程的化療，最後在每次回診，我先生都苦苦哀求下，腫瘤科主任提早兩個月做正子攝影，確認沒有癌細胞跡象，於是在第四個月療程完後，提早兩個月結束化療！這到底是福是禍？連正子攝影都找不到癌細胞了，你到底躲在哪裡？一年後又像幽靈一樣出現。

但在切除肝腫瘤之後，我的心靠著上帝的力量，安定許多。術後的化療因為已經有了生存的希望，一直到第二年八月再度復發。這一年半的歲月，是我們兩個最親最愛的時光，珍惜相守的每一個時刻，分分秒秒！

我始終覺得個人的故事不是唯一，人生旅途上有很多起伏波瀾，是可以歸類的，所以才會有臉書的產生，串起每一個臉友陌生人的故事。又或者在社團的同溫層裡彼此鼓勵，我也在先生治療期間加入一個社團，當我看到有人比自己更無助，更接近死神卻能用樂觀的心態去面對，就會鼓勵我淚中帶笑往前走。社團中有一個女孩特別讓我感動，她腦癌已經不斷復發，人在美國治療的她，每次上醫院都精心打扮、穿著時尚，她的臉書裡，沒有做化療和換標靶藥有多難受，沒有聽見一次次再復發轉移有多心痛，只有怎麼吃喝最開心，她的病於她看來，好像在看著另一個痛苦，她總是淡淡地敘述治療的療程，但更多更多在珍愛陽光，一杯咖啡，一顆蘋果中，還有她再痛苦都要時尚地出現在醫院，分享她在醫院得到大家對她的讚嘆。這是真正的勇敢。

癌症是不分條件，不揀選人的，社團裡有好多都是平常就很注重養生的人，但癌症還是揀選了他。我一直在想，我能為他們做些什麼？最後我用快樂驅離悲傷的邏輯，我逢年過節，就拿出一萬元，給十個「父母罹癌家有小孩」的家庭。當癌症籠罩時，烏雲常見不到陽光。我選十個家庭，沒有特別條件，只要符合我就會匯進他帳戶一千元，金額不多，就當我請這個家庭喝一次下午茶，或者買些讓孩子快樂的東西。家中一旦有癌症病人，父母也會比較節省，就當作是小禮物吧。於是這一千元，有爸爸告訴我他帶罹癌的兒子去吃了麥當勞，還買了玩具，孩子非常開心。還有一個家庭，先生肺腺癌末期，他用這一千元買了蛋糕，和一些點心，還把他們慶生的照片貼給我看。我們想辦法多製造一點快樂，悲傷就減少一點，腦內啡多一點，就算只是一時片刻，都值得記住的幸福感覺。

惡夢再起又復發了

二〇一七年五月，在開完刀後的一年多，惡夢又來了……。這次癌細胞已經轉移到肝臟和肺臟。自從三年前大腸癌轉移肝臟後，化療、檢查、切除、再化療、定期追蹤檢查，每次我都堅持陪他一起去聽診，我真的很怕漏聽了什麼訊息，延誤醫療。四月才做了超音波例行檢查說沒事，但五月這段時間，他漸漸消瘦，走路也有點喘氣，我已經感覺不對勁，再回診，斷層一看，癌細胞已經竄到肝臟和肺。大腸癌腫瘤，因為血流系統，通常會先轉肝再轉肺，聽到轉肺了，我的心已碎，但我不能表現出來，即便我內心知道，轉肺代表再開刀的可能性極低，我還要強裝鎮定，問醫生，接下來的療程是什麼？還是化療。

沒別的路了，就只有標靶化療，

化療一、兩個療程就已經折騰到人不成人形。

要一直持續化療？一直到最後嗎？答案是。

在這個期間，我拿著先生所有的病歷資料，掛台大、榮總腫瘤科名醫，想知道除了化療我們還能做什麼。

台大腫瘤科診間，外面擠滿了人，我先生因為化療體弱，我代替他到診。一進診間，醫生聽完我詳述的病情，神情淡定，可能生離死別看多了吧，他只告訴我，要不就再開刀從肝臟和肺取出腫瘤，那就代表去年走過的艱辛要再重來一次，但也不能保證，癌細胞會完全消除，或者可以試試藥物的免疫療法。免疫療法有很多種，一般分藥物和細胞的免疫療法，藥物免疫療法要先測試病患的 **PD-L1** 免疫蛋白與藥物結合的能力是高或低，一般只有百分之十的幸運兒，可以接受免疫藥物治療。

這條路可以試，一連串的化療，他的身體已經越來越虛弱，經常打完化療，回家以後發高燒，就要立刻再回醫院治療，他自身的免疫力，已經被化療完全破壞殆盡，有時候還拗著不肯進醫院，我好說歹說流著淚才能勸他再進醫院。進出醫院的日子太頻繁了，任誰都怕。

PD-L1 測試結果，失敗了。

我先生不符合標準。當時我內心原本就沒把握，還要一派輕鬆的告訴他，這只是其中一種療法，我們就是試試看，我擔心話說的太滿，一旦不行會打擊太深，那分寸的拿捏，不是個中人，無法想像。

之後又聽說中國醫藥學院有免疫細胞療法，可以用自體細胞，攻擊癌細胞。我再帶著病例，直衝台中，醫生一看，也感覺病況已經不輕，恐怕已然太遲。中國醫藥學院的直腸外科主任柯主任，非常客氣溫暖，他叫我要有心理準備，擴散到肺臟，不太樂觀了。柯主任說，他的父親前不久也才癌症過世，他很後悔最後沒有讓父親在醫院接受安寧治療，而是選擇在家裡安寧照護。他提醒我，人到最後會發生譫妄現象，也就是人事物時間空間完全錯亂，他父親的狀況是，不斷要求量血壓，在家只有媽媽陪伴，於是三天三夜，在倒下之前，父親不斷要求母親量血壓，連母親也被累垮了。台灣人們最後一哩路，連做兒子的醫生都沒能好好讓父親休息，都是因為我們不忍心，其實最後的品質如此不堪，不管是不是安寧病房，最後一哩路，台灣還有很大的改善空間。

細胞免疫也無能為力。我還請三總幫我先生抽血配對，腫瘤科主任很誠實告訴我，價格不菲而且希望不大。絕望處，總得試一試，抽血送到美國尋找是否有其他治療像乳癌等標靶藥，可以延續治療的只有兩種標靶藥物。因為癌細胞有抗藥性，大腸癌又只有兩種標靶藥，當彈盡糧絕，就等於無藥可醫了。

配對結果，依然沒有任何藥物可以接續。

我先生非常堅強，明明看他身子已經很孱弱，他從來不要我攙扶，連洗澡，上廁所，他都要保有尊嚴地自己做。我所能做的，依然是假日做他喜歡的菜，還有陪他打牌，讓他轉移注意力。很幸運的是，彷彿上帝聽見了我的禱告，他從來沒有喊痛過。一般癌症末期的病人，因為癌細胞侵入，壓迫神經，都要靠嗎啡止痛，但天可憐見，上帝保守了他的苦痛。我也求上帝給我時間準備，再多一點、再多一點……。

有一夜，他又發高燒了，他不肯上醫院，我在床邊不斷為他換冰枕，他拗起來時，怎麼都勸不動。化療病患最怕發燒感染，如果不注意，引發肺炎，更難治療。我知道他很不舒服，我只好整夜看護著，直到清晨還是沒有退燒，最後我說我要叫救護車來，他才心不甘情不願進院治療。我懂你的不耐，但還是要住院治療啊，我們還沒有準備好不是嗎。你，還不能離開我！

我知道他是為我撐著的，化療摧殘他的身體越來越殘弱，他從不說苦，總是靜靜地休息、大部分時間都在睡覺。能說話的時間不多，這是我最悔恨之處，我為了讓他多休息，也不敢吵他，因此後段時間，我們彼此講話的時間越來越少。我好懷念那朗朗的笑聲，宏亮、溫暖、開朗的言語，至今只能無言……。

失去

六月十八號，又發高燒送醫，我知道時間不多了。這次白血球掉到只剩一百，平常人至少都有六、七千，打了白血球增生針也沒有用。急診室裡，他已經無法再自行行走，安排住院，病情直轉急下，第二天還能對話，但明顯感覺已經非常不舒服，問他痛不痛，還好不痛。但已經無法再進食了，只能施打點滴。

趁著人還清醒，我把他最掛心的二兒子叫來，因為身後事必須交代。生前他曾說，死後要海葬，但這兩天，我突然覺得不能讓他孤零零地走，他該和最愛的爹娘葬在一起。於是病榻前，我跟他說，爸爸，我們和爺爺奶奶葬一起好嗎？兒子說，可是以前他說要海葬，我說不行，你爸爸最愛的人是你爺爺奶奶、他們要葬在一起！結果人已昏沉的他，突然大聲的說，我最愛的人有三個，我爹我娘和孫嘉蕊，我要和嘉蕊葬在一起……

當晚人開始譫妄了，我只回家洗個澡，看護打電話給我，說他一定要找我，我急忙又趕回醫院，他對我說，這個看護是特務，政府派來的，不能留下她。我說她是我們請的看護，他執意說她是特務，還不准我走。我看他已經開始躁動，向醫院要了一顆安眠藥，希望讓他好好睡個覺，他看著安眠藥說，這是要毒死我的藥吧，好，你要我吃我就吃，但嘉蕊，我要對你說最後一句話，**I love you!** 我揪著心喂他吃安眠藥，這是他清醒時說的最後一句話。

第二天，人已經無法言語，但非常躁動，不斷想上廁所，傍晚狀況越來越嚴重。

孫小姐，這個決定要你自己下。

打了嗎啡，會讓他比較舒服地睡著，但這一覺可能就再也醒不過來了。

我看著我的摯愛，在死亡的門關前，只能反射作用地大口大口呼吸，因為器官漸漸衰竭，不停地躁動，他皺著眉不斷想扯開氧氣罩，我心痛焦急地來回護理站，是不是氧氣罩太乾，還是讓他不舒服，你們能不能為他做點什麼，讓他舒服一點。我拍下他躁動的現象，給另一位在治療過程諮詢過的醫生看，他說，妳要有心理準備。

打吧，如果讓他好好休息，即使不能再開口道別，看著他的難過，於我痛苦亦同。晚上打了他治療以來的第一劑嗎啡，我的愛沉沉地睡著了，他的眉開了，輕輕打起呼來。那鼾聲給了我片刻的寧靜，你好好睡吧，好好睡吧！

這一覺會睡到何時，沒人知道，幾個眠夜沒有闔眼的我，被家人趕回家休息一下，當晚十點多，我又被醫院通知回院，心電圖往下掉，時間要到了。我衝回醫院，靜靜地看著心電圖，慢慢慢慢地停了下來。為了準備告別，我提前看了好多書，聲音是人走前最後衰竭的能力，趁著這時你可以告訴他你有多愛他。但我無言……

大悲無言，只有平靜。此刻我打開手機，播放他最愛貝多芬的《月光》，然後才在他耳邊輕喚，跟著光走，回上帝身邊，跟著光走，我的愛人。

《死亡與生命手記》作者歐文和瑪莉蓮，這對都是美國著名的精神和心理治療師，瑪莉蓮被診斷出多骨髓癌，當他們知道妻子罹病時，患病的妻子不但沒有驚慌，還提議兩人一起寫一本關於生命和死亡的書。裡面妻子對丈夫說，我的一生已經了無遺憾，化療讓我非常痛苦，我是為了你做的，我知道你不會放手。

我知道我的摯愛，化療也是為我做的，以前健康時，他曾說如果有一天他生病會拖累我，他一定會了結自己，他愛我不會讓我受苦。但腫瘤二度復發，恐怖的化療又要重頭再來，在他第一次復發時，我每晚睡前牽著他和寶弟的手，向上帝禱告，感謝主給我們平安的一天，而我心裡再呼喊請再給我多一點時間準備，還有不要讓他身體苦痛。

大部分癌症病人末期都會轉移，最終需要嗎啡止痛，但上帝聽見我的禱告了吧，他沒有痛過，擔心他是為了安慰我沒說出口，復發期間曾一再問他，痛不痛？他都說沒有，感謝主，但化療肯定是難受的，當他知道我每天禱告詞向上帝多要一點時間，有一天他跟我說，我現在也開始每天阿門了，鐵齒的他不是基督徒，還說我就是他的上帝，我聽到他說他也阿門，很開心地問，你向上帝禱告什麼？他說，我對上帝說，請你給我和嘉蕊再多一點點時間……阿門。

死亡和生命手記的瑪麗蓮在經過十個月痛苦的化療後，選擇醫助死亡。歐文一開始不答應，瑪麗蓮對他說，我是為你化療，化療在我身上的副作用，早讓我疲憊痛苦不堪，美國的醫助死亡，必須在病患清醒的情況下，吞下藥物，表示這是經由病患自由意志下的抉擇。最終瑪麗蓮在丈夫和子女身邊，完成了她的心願，遠離身心之苦。

歐文三十幾年的治療師生涯，曾經遇到一位喪偶的女病患，艾琳。艾琳對他的諮商有強烈的排斥性。因為她覺得歐文沒有喪偶，無法感知她的悲痛。歐文還一度對她咆哮，難道要經過精神分裂才能治療精神分裂，要罹患過憂鬱症才能治療憂鬱症嗎？艾琳沒有回答他，靜靜離開。而當歐文真正經歷失去摯愛，歐文說他想對艾琳說句抱歉，原來失去一半是如此不真實，原本以為自己並不好動安於自處的他，一個人吃飯，一個人上超商，一個人看星星，這樣的沉重和悲傷，無人能懂，除非經歷。

我的愛人，向上帝開口要時間，堅強如他，真正臥病在床到需要攙扶只有短短不到五天。我不知道哪裡來的知識和力氣，雖然找了看護幫忙，但最後兩天，他不斷想起身上廁所，都是我每半小時扛起已經孱弱剩六十幾公斤的他，指揮看護每半小時重複，我兩天搬上搬下，沒有疲憊只有心痛他的受苦，愛使人堅強。

失去另一半，是缺了一半的圓，註定要先仆倒在地。我嘗試再撐起來，悲傷是愛的代價，我書寫苦痛，請悲傷仁慈地對待我。

準備好了嗎？永遠不能！

那一夜，打了他抗癌以來的第一劑嗎啡，他沉睡了，平穩的鼾聲，就像平常他熟睡時一樣，讓我安心。很矛盾的心理，明知道這一睡可能再也醒不過來，我卻因為看到他不需要在走前，為器官衰竭受苦，感到安慰。本來明天就要轉送安寧病房了，台灣醫院對於癌症的照護，真的還有很大的進步空間。

也許醫院對於癌末的生離死別看多了，當天我崩潰在病房外，蹲著無聲的悲泣，我對於他最後一程中如此難過，我卻無能為力，感到心痛，主治大夫和院方人員，都在等，等病患自己結束生命。當你所有的力氣都只是為了呼下一口氣時，你可以想像病人有多辛苦嗎？而陪在病人旁邊的家人，又是多麼無助和悲痛。

是我看著他那麼吃力而痛苦的呼吸著，是我主動要求替他打嗎啡，如果他清醒，他也會要我替他這麼做，在死亡面前的安詳與尊嚴。

我用《月光》送他，輕聲告訴他，上帝在那裡等你，你已經離了勞苦，不必再這麼累了。你為我做的努力，我都知道，上帝要接走你，因為時間到了，你要跟著光，那是通往天堂的地方。

在醫院處理完，已經深夜三點多，我輕聲告訴他，我要回家了，如果想寶弟，可以跟我回家看看他。內心平瀾無波地回到家，我不想送他進殯儀館，讓他的兒子們送他去。我不願我和他的記憶裡有殯儀館，好像這樣，記憶裡沒有殯儀館，他就可以永遠活著。

先生大我三十歲，他三個兒子都已成年，我把所有後事的全部交給他們處理。生前我無悔，身後我真的覺得怎麼做，都毫無意義了。

他走後的第一天醒來，我開始陷入不真實的世界。玻璃門旁，他常坐的沙發仍在，寶弟也乖乖地如常趴在爸爸的腳凳上。人呢？那二十多年的時光去了哪裡？怎麼可以說不見就不見！聖靈陪我平靜地處理大體，現在我開始陷入歇斯底里，無法接受的是那二十五年的歲月就這樣消失了，我的他現在在哪裡？當人經歷巨大悲痛，不能接受！大嫂，好友、姐姐也從紐西蘭趕回來，這麼多人來，我的心好像關上了一道門，門外我對著他們說，沒事，我會堅強的。門內我哀號著。祢不是要給我時間準備嗎，我還可以的，我還可以的呀。是他太辛苦了嗎？我不能這麼自私的硬拉著他，讓他在明知道打不贏的戰爭裡受苦，無止盡的受苦。但我還是想要他能在我身旁。

第一個沒有他的上午，陽台來了一隻不知名的鳥，通常開著玻璃門，鳥看見有人是不會來的。我就坐在爸爸的腳凳上，看著鳥，直覺是他回來看我了，我號哭著，你怎麼可以就這樣離開我，那鳥啾啾地叫著，也不離開。大嫂拉著我的手。我歇斯底里的喊著，是他、是他回來找我了，他捨不得走啊！我一號哭，距離不到兩公尺的鳥，又啾啾啼叫兩聲，完全未被我的悲痛哀號驚嚇離開。我說，爸爸，你怎麼這樣離開我，我真的捨不得啊，我捨不得啊！鳥又回叫了兩聲，就這樣來來回回應和著，終究鳥還是飛走了。因為我相信上帝，我也相信這鳥就是為他來看我的，我深信著，他也捨不得我呀！

從送先生最後一次入院到上班，我只休息兩週，我好怕自己會陷入無盡的哀傷，墜入憂鬱海。我要靠工作，轉移我所有的注意力。當時韓國瑜選總統的新聞正鬧，我每天早出晚歸，晚上回家繼續監看政論節目。人前，同仁看我像沒事的人一樣，幾個親近的女同事說，看到我如常的開會定採訪方向，又開檢討會議。情緒毫無異常，反而讓她們更加擔心。其實當我自己一人在辦公室時，經常無聲地流淚或痛哭，也沒人會看到。逢人問，你還好吧，也只淡淡回答，還好，謝謝。這樣的失去，是沒辦法用言語形容的，因為我無法承受，所以我用了一個辦法——讓悲傷穿越我。也就是只要我一想到，就轉移注意力，然後讓悲傷穿越過去。當時自以為是的作法，是不敢，也是沒有勇氣面對。這樣過了三個月，我以為我從憂鬱海浮上岸了，我以為我安全的離開了悲傷，其實並沒有。逃避的結果就是，當下一次的風浪來時，這巨大的悲傷會像海嘯一樣，襲捲而來，那樣的衝擊，也許半年，也許一年，悲傷只是被我埋在很深的地方，他還在那裡等著，等著我面對。

當時正是韓國瑜選總統的那年，我在混亂的政治漩渦裡，平衡東森的媒體角色，編輯台、新聞室、急診室、病房。這四個點，就是我二十四小時的奔波處。我的同仁們都知道我的狀況，先生還在時，他們儘量讓我安心於工作的照顧。我曾經向上帝禱告，請祢依照祢的旨意行，但求給我們多一點時間準備，但在失去他後的前三個月，家人、朋友的照護，保守的是我的形體，我的魂常常不知飄向何方？有時飄回二十五年前初相戀的悸動，有時飄向他帶我看的第一場電影，有時飄向我們一再環島經過的武嶺、清境農場、阿里山和我們共同熱愛的大海、最愛的帛琉沙灘……。

二十五年，怎麼會就這樣消失？我不相信，他一定存在於什麼地方。人生有如一列火車，不斷向前行駛，他比我提早了三十站上車，當我上車時，他說，你這丫頭挺有趣的。我看這公子也挺瀟灑，就這樣窗外美景一一過，我們倆在車裡嬉鬧著，恍然不知歲月已匆匆過，他得下車了。在一起時，我們從不談身後，你下車了，留我在車上孤零零地怎麼辦。我何時下車，我們能不能先約好，哪一年，我們在哪一站，一起上車。

我還留著他的手機他的 line，想他時，就 line 他說說話，然後再用他的手機看，「已讀」讓我心安。有一天我寫著，爸爸我好想你，我怕時間長了，我會慢慢遺忘，你在哪裡？當天下班，台北愛樂電台，我一轉開，又是貝多芬的《月光》。是你對我思念的回應。

雪落下的聲音

我先生大我快三十歲，當年二十五歲時就迷戀他開朗樂觀、豁達的個性，他外型很man，又調皮，四海皆朋友，從幫派分子到文藝客，都可以是他的朋友圈。很多人的說我是戀父情結，什麼是戀父情節，如何定義，我只知道我迷戀他眼中笑裡永保有的赤子心。和他朗朗的笑聲。他特愛亂世佳人的費雯麗，每每學克拉克蓋博的回眸一眨眼，舌頭得的一聲，從五十歲到七十八歲，在我眼裡瀟灑依舊。

我常問他，喜歡我什麼，他第一句話總是，嘉蕊，你其實不漂亮，就是有這麼白目的人，當你假裝生氣時，他會補上一句，但是有一股特殊的氣質，說不上來的特殊氣質。這時候你生氣也難了。我在職場上是呼風喚雨的調度者，在情字這關專一也特別脆弱，我無法想像沒有他的日子。我的生活和工作非常簡單，他給了我最大的時間和空間，發揮我的能力，每每遇到工作上有壓力時，他聽完就說，不要幹了，回來我還養的起你，他抓住我其實是工作狂的弱點，下一句就說，不能不幹對吧！那就不要再想了，走吃飯喝酒去。

一般夫妻為什麼會吵的不可開交，因為沒有分寸，不懂相讓，我先生大我一個世代，他當然讓我，但最難能可貴的是，不管我有多少壓力，拋送給他，都能在他開朗的個性下消弭於無形；但其他夫妻交手就像天秤的兩端，我加一公斤砝碼，另一端也要加一公斤砝碼回敬，一不小心可能變一點五公斤，於是乎雙方彼此壓力越來越大，沒得減壓。把壓力消弭於無形的功力很不容易，於他只是自然。

我的朋友圈很單純，大部分都是工作上的夥伴，當我一開始決定和他在一起，我工作外的生活圈，幾乎以他為全部。因為別人可以有四十年、五十年的相守，但我們年差三十歲，知道歲月總有一天會帶走一個人，我們得把一分鐘當兩分鐘用，於是除了我出差，以及他和朋友走了一趟絲路，二十五年來，我們沒有分開過。

肝臟切除腫瘤術後，我們過了人生一段最美好的時光，因為我們珍惜。心裡頭擔心再復發的憂慮還在，每天晚上，我們仨一起禱告，我會拉著寶弟的手，和他的手，先感謝上帝給了我們又過了平安的一天，禱告上帝給我們更多美好的時光，保守爸爸的身體，讓癌細胞消失不見。寶弟是十三年前，在我原本養的黃金獵犬阿寶過世以後，我先生看我愛狗如痴，為了撫慰我的傷痛，帶我去買的西施犬。

當時狗店裡有一大一小西施幼犬，小的弟弟非常活潑，大的哥哥明顯長的比弟弟壯而且高挑，但我們的到來都沒有使他興奮，他還怯怯地躲在籠子邊，連動都不敢亂動，我將他抱出來時，在我懷中，非常溫順，好像把我當成了媽。後來慢慢我才發現，寶弟生性膽小，像籠子放在高處，他是嚇到連動都不敢動。我問老闆，是你你會選擇哥哥還是弟弟？老闆說，他會選擇體型較大的哥哥，一來代表他比較健康，且毛色均勻，花色分布非常勻稱，我則看上他的溫馴，靜靜的毛小孩，討人喜歡。

寶弟二〇〇九來，二〇一〇年先生發現大腸癌，二〇一五年復發抗癌，寶弟陪伴我們度過參雜了辛苦、喜樂、痛楚兼具的時光。

我先生非常疼愛寶弟，我上班時間，都是寶弟與他相伴，他習慣坐的沙發上，有一個不小的腳凳，正好是寶弟趴著剛剛好的尺寸，到了冬天，先生午覺時，把腿放上腳凳，寶弟就會蹭到他的身邊兩人取暖。我先生不服的是，每天都是他在陪寶弟，為什麼只要我一回家，寶弟就不理他了，跟著我轉，晚上也是跟我睡。寶弟的貼心你無法想像，在我擔憂先生病情時常潸然淚下，寶弟總是第一時間能感知到我的情緒，跑過來舔我的面頰淚，我還曾為了試探他是否真能感受我的悲傷，幾次用假哭的方式，他卻斜眼看了我兩眼，好像看透了我的計謀，雕蟲小技就想騙取他的感情，全然無動於衷。

我們仨在那段沒有癌細胞，沒有化療的一年，是我們倆一生最美好也最相愛的時光，他常嘆氣，哪裡找像我這樣的女人，我總是一邊淚眼婆娑，有點開玩笑地說，打著燈籠也找不到了……。

平凡的日子，就是最好的日子，休假大部分時間都在做菜、打牌中度過，當時還一起追劇，看《延禧攻略》，男主角富察愛女主角魏瓔珞，卻因為魏瓔珞被皇上選為妃子，兩人內心相愛，卻說不出口。當時富察為了魏瓔珞而死，魏瓔珞痛徹心扉地說，這輩子你對我好，下輩子換我對你好。先生聽到這段，望著我重複這句話，這輩子你對我好，下輩子換我對你好。我好後悔當時跟他說，我不要，不想再當人了，我要回上帝旁邊當天使……。我應該回他，好，以後我們就生生世世約定，誰也不能負誰，但下輩子不要跑那麼快好嗎？相差三十年有點長，奪走我們可以有更多的美好時光。

輕輕，落在我掌心……誰來賠這一生好光景？雪落下的聲音。

給自己一趟旅行

一晃眼，我在看來平瀾無波下，已經度過三個月。第一個連續假期來了。十月份四天的連假，我知道我不能待在家裡，思念會讓我窒息。我決定為自己做一趟旅行。

突然想去馬祖，以前就和先生討論過去馬祖看看。從友人稍來的照片裡，靠海的芹壁村，藍天碧海、石壁的原始建築都在，喜歡海的我們，一直只在嘴邊上討論，還沒去過。爸爸我們一起去一趟馬祖吧。

實際上陪我的是表姐。在經歷人生巨大的哀痛時——旅行是一個好出口。你也許會想，這麼難過的自己，面對再怎麼美麗的風景，於己都是無物。悲傷無所不在，但總比在家裡被思念吞噬的好。

換一個環境，勇敢地面對自己和自己相處的時光。如果痛苦是必然的，怎樣可以減少受苦，我就要去做。那天真的是藍天白雲，我和表姐就入住在芹壁村。旅行讓人感到興奮，讓你痛苦的知覺裡，還有另外的感覺。當飛機上空的那一刹那，我感到喜悅。至少我開始有了悲傷以外的知覺。一下到機場，民宿老闆接駁我們到民宿地，真的是望海的房間。爸爸，我們到馬祖了。

芹壁村村民建造的時候就用石頭堆疊成屋，沿著山壁蜿蜒小路往上蓋，一邊山邊一棟棟小巧的石頭房，一邊藍天碧海，難怪叫小地中海。確實非常美麗。當年福建省渡海而來的漁民，用福州杉和花崗岩，蓋起這個美麗村落，建築物雖然密集，顯現當年也曾是個熱鬧的小漁村。密集卻不凌亂，有它特殊的美。

和九份不同的是，到馬祖有班機遊客人數的限制，所以芹壁村不像九份，開滿店面。

整個馬祖一萬多人，分北竿和南竿，南竿是行政中心，居民有七千多人。但北竿芹壁村保留古屋，整個島才兩千人口左右，沿著山路，即使是廢棄的老宅，也充滿遺世無爭的氣息，整個芹壁村也差不多幾百人，靠海的餐廳很少，從山下走到山上，只要十五、二十分鐘。山上有一個賣馬祖麵的店家，一對老夫婦，手工魚麵，成了遊客必遊之地。老夫妻倆，每天手工製作的魚麵有限，魚麵望文生義就是魚肉和麵，馬祖老麵會加上馬祖老酒，再窩一個蛋。這麼簡單樸實的小吃，當你在店面面海的排桌上，吃著馬祖老麵，往海上看去，彷彿能看見燈火點點的漁船，身旁好像坐著一位穿汗衫剛打漁回家的芹壁村民。眼前每一件陌生物，於我而言都是新鮮而有趣的。這也讓我暫時離開了對悲傷的專注。

單獨的旅行，遇見不同的人，可以交錯不同的人生，叫做緣分。民宿老闆說晚上我們可以到隔壁村逛逛，那裡有馬祖北竿的Sogo，對話中碰到一群在馬祖國中教學的年輕老師，也正好有朋友來訪，我們正愁怎麼到Sogo，老師們就說搭我們的廂型車一起去吧，馬祖可以租摩托車，也可以叫計程車，很幸運地今晚搭便車。一到了Sogo原來是全島唯一的7-11！特別的是裡面因應民情，畢竟是全島的Sogo百貨，還賣些生鮮食品，顧客也不少。

接下來的行程我們都跟著老師團了，大坵島看梅花鹿。南竿一日遊，喝了全島唯一的星巴克咖啡，第二天特別定了朋友推薦北竿的山上民宿，白天屋頂上可以看到航道飛機起飛，三百六十五度朝閱晨陽晚看夕陽，夜裡還有浪濤聲伴著入睡。民宿主人還把車子給我們開，爸爸不在了，自己來吧，我開著陌生車，在陌生的地方，帶新認識的陌生人，第一趟旅行，我笑了，我開心自己還有笑的能力。

二十五年來，和先生緊緊相連，旅行也是。每年都會一到兩次的國外旅遊。遇上了今年失去他的第一個春節，我決定自己度過，是為了逃避年節單身的寂寞，也似乎透過一個人旅行的儀式，可以讓他放心，讓自己覺得勇敢而獨立。

還是一樣我選擇了海島旅行，而且指名我要學深潛。我告訴旅行社我的需求，我不參加團行旅程，每天只要出海在島上，深潛、看海。他們為我選擇了沙巴，五天四夜，三天全部泡在水裡。

學習新事物是新奇而有趣的，我很早就想深潛，非常迷戀海底綺麗的風光。旅行社為我安排了沙巴，然後三天都在淘夢島上，看海、深潛。我又因此交了淘夢島上負責管理的島主夫妻，回國前兩人還熱情的邀請我去馬來西亞特別的卡拉OK兼酒吧。

記得深潛的第一天，著裝備時，很認真地聽教練教的每一個步驟，我必須是安全的。全隊只服務我一個人，船長、教練、教練助理，還負責拍照。當我下到十公尺處，看見海裡的尼莫，魔鬼魚、蝠瑜、五彩繽紛的熱帶魚，內心的激動無可言喻，其中不是第一次潛水的興奮，我在海裡哭了，感慨萬千，我心裡對他說，爸爸我們到海裡了，我們一起。

當你失去另一半的時候，最難的是面對自己。當你知道痛苦是不可能消失的時候，最可貴的是，你還有意志力，讓受苦更少一些。旅行就是一項。失去他的半年內，我就做了三趟旅行。除了馬祖和沙巴，我還去了一趟新加坡。

住在金沙飯店，我到了頂樓與建築物水平一般高的游泳池。當夕陽默默從新加坡高聳的天際線緩緩落下，我也輕輕告訴他，夕陽下山了，真美，不是嗎？

我讓自己在異地，在不同地方，重新感受五感。最重要的是要完成踏出去的第一步，表示我可以獨立。雖然常常在快樂處，也同時落下感動的眼淚。我深深記得，失去他的那段期間，我特別喜歡聽惠妮休斯頓的歌，從沙巴要回台北的機場上，隨意點選「I always love you」。If I should stay……Always love you!……

聽了一遍又一遍，淚無聲，潸然落下，無可停息。

（孫嘉蕊攝影）

（孫嘉蕊攝影）

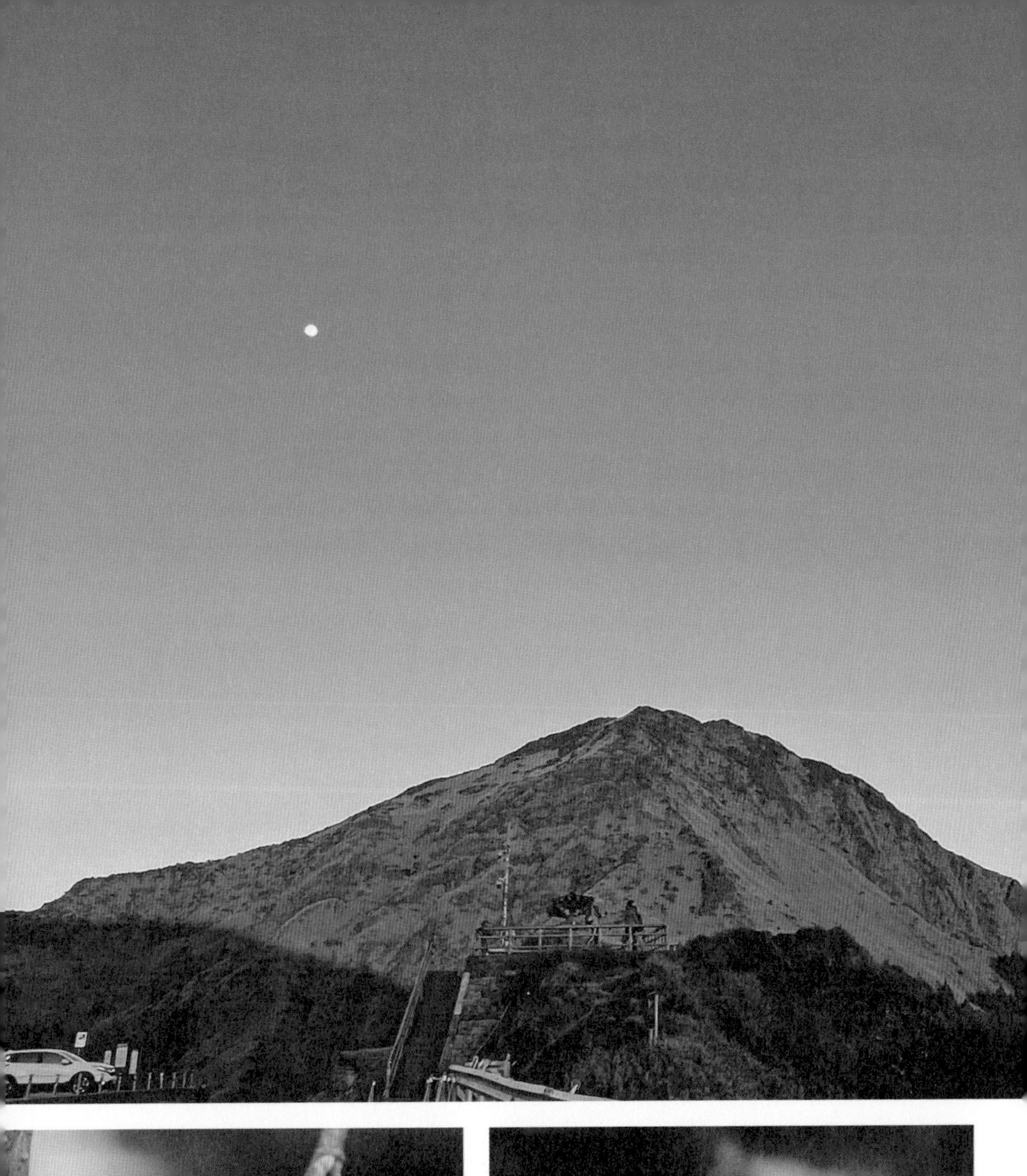

（孫嘉蕊／烹飪／攝影）

我的鳥朋友們

杉林溪森林道邊，偶然的巧遇，開啟我人生的另一道窗——我的鳥朋友們。

東森新聞每年都會有一場東森傳愛，送暖到偏鄉的慈善活動，那年我們為南投遲緩兒募款，幫助埔里基督教醫院的遲緩兒教育，在幼稚園到國小一年級階段，這時候的孩子適應教育會特別吃力，甚至因此完全失去信心，放棄自我或被放棄，因此多延伸一年的課外輔導。國內遲緩兒早療教育權威趙文崇醫生說，遲緩兒包括的面向很廣，包括聽、說、讀、寫、情緒障礙都是遲緩的表徵。而在台灣教育的體制下，經常很世俗地用學科成績來斷定孩子的優劣，忽略高功能的遲緩兒，可能有單項相當的天分。而即使是一般遲緩兒，也可以在慢慢挖掘和教育之下，找到孩子有成就和發展的空間。像有閱讀障礙的歌手蕭敬騰，就有令人動容的歌聲。

那天我原本到杉林溪參加募款啟動典禮，上午趁著活動還沒開始，我一早六點多，到杉林溪森林裡散步。途中，我看見三個大男生，其實是三個中年大叔，閒散的樹下聊著，旁邊有三架攝影機，巨大的拍照攝影機。我非常好奇，他們都在拍什麼？我問：你們在拍什麼？他們說，我們是薯條三兄弟，我們在拍白腰鵲鴝，你看在裡面躲著的那隻鳥，跳出來或站到樹枝上，我們就會拍了。喔，那祝你們幸運了，我朝森林裡走去。

當我走回來時，他們三個還在，我開玩笑說，拍一隻鳥要拍這麼久，三個人有人搭腔，當然啊，好還要更好。那你是來玩的嗎？我說我是記者，我們來辦活動。

一直到我站上活動典禮的舞台上，主持人介紹我是東森電視副總，今天特別帶淑麗 Papago 團隊，來杉林溪為南投的遲緩兒，偏鄉中的弱勢孩子募款，他們才恍然大悟，原來我不是無聊的女子。這個緣份結深了。

後來進一步認識，才知道所謂薯條三兄弟，是因為偶爾拍鳥時，會餵食鳥一些蟲物，他們因此自我戲稱。他們也才了解這個好奇自稱是記者的女子，原來是慈善活動領隊，他們用相機，記錄了一些活動的畫面，彼此留下 line，其實他們最想要的是淑麗的 line……。總之，從此開始我人生另一扇窗，拍鳥的好時光。

三個來自聯電的工程師，如今都已各奔東西。有蓋房子的自營商劉摩登，有高科技公司的顧問Gary，還有繼續在科技業爆肝的Victor，二十年的好感情，到現在還用拍鳥維繫著。三個人搞笑的程度，跟小屁孩一樣。

一開始還叫我蕊姐，最後才知道分別大我一到三歲。

有一天，我很好奇他們拍鳥的過程，很絕的是Gary用Sony，摩登用Canon，Victor用Nikon，三人用三種系統相機。一天我說，帶我去看看吧，就跟Gary借了一套200-600焦段的Sony相機，到金山青年活動中心去拍候鳥，自此踏上了拍鳥旅程。

當我從視窗裡看見鳥兒時，那才真的叫做驚豔。以鳥飛跳的速度，人類的視力，加上對鳥的喜好度，大部分人大概只認得麻雀、燕子、鴿子、藍鵲吧。鳥在身邊無所不在，但牠悅耳的叫聲，靈動的身影，最重要的是鳥的眼神，你看過嗎？當鳥兒也好奇地對著你鏡頭張望，那慧黠的眼睛，美麗的羽色，可愛、優美的姿態，或站立，或飛翔。一旦進了這個視窗，就開始迷戀……

於是平常拍留鳥，上山拍山雀，十月開始就會有候鳥報到，先從野柳到金山青年活動中心短暫停留、桃園許厝港海邊圳地，也是候鳥們常來之地。以往我以為猛禽只有老鷹，原來還有萌萌呆呆的大冠鷲，最小最萌的鵂鶹、常在大安森林公園育雛的鳳頭蒼鷹。每年必到新店過冬的美麗魚鷹，當牠看見水中目標，先盤旋、到一定高度再縮翅，向水面俯衝，一剎那間水花四濺，魚鷹雙爪已經抓起一隻肥美的魚。大如魚鷹，小如翠鳥，翠鳥身高不到五公分。台灣留鳥，常見在水塘池邊，不要小看牠的身形，涉獵起落之間，一樣俐落完美，佇立、翱翔、展翅、起落、好奇、鬧架，鳥兒們的世界，你只有透過科技，放大數百倍，才能見牠纖纖羽毛，汪汪大眼。

還有鳥類的各種習性，翠鳥求偶期，一定每餐去抓魚向母鳥獻殷勤，母鳥只要在枝頭等待，公鳥就會主動出去抓魚，傳食母鳥，包括育雛幼鳥，也是公鳥一人張羅所有家計。於是乎你會在五六月間看到，為愛奔忙的公鳥日漸消瘦，當幼鳥長大後，就會被公鳥逼著離巢，另行獨立。人們把中年一段稱為離巢期，還說離巢期的父母會有失落感，那就跟鳥類大大不同了。鳥的基因一代代繁衍，時間到了，鳥爸爸鳥媽媽就會將幼鳥們一一逐出家門。當大寶小寶學會展翅飛翔，那也正是牠該離家的時候。有的鳥類一生只有一個配偶，一生廝守。大部分都是一年換一位，投緣就成家。我最感動的是一次拍到黑枕藍鶲的育雛期，鳥爸爸鳥媽媽，接續不斷地抓來各式不同的昆蟲大餐，真的是接續不斷，三角形的鳥巢充滿美感，裡面有四張小嘴等著餵食，愛是什麼？對鳥兒們來說，應該就是基因與生俱來的權利和義務吧。不必教導、生而天成。

最欽佩的鳥是游隼。台灣北部深澳漁港的酋長岩，是游隼喜歡築巢的地方。游隼是鳥類中的超跑，飛行速度只有軍艦鳥可爭一二。游隼有一雙銳利的雙眼、雄壯的翅膀，最重要的是粗壯的棒棒腿。游隼獵食和飛行同樣令人眩目。當牠發現獵物，牠會以縮起翅膀，像原子彈的形狀以三百八十公里的時速，比高鐵還快衝向獵物，快抵達獵物時，立刻張翅伸出粗壯的雙腿，一棒敲昏獵物。游隼的兇猛在飛禽界應該是遠近馳名了，體型比牠大一倍的大冠鷲或老鷹，一樣被牠打的七葷八素。

失去另一半，你會有更多時間發掘自己的可能性，悲傷思念仍在，但是在發掘新世界裡，你可以暫時逃離……。

錯的時間沒有對的人

變成半個人，不可否認的，內心是寂寞的。雖然有很多親人朋友，在身邊關心你，你內心還是有一個黑洞，好像怎麼填都填不滿。我旅行、參加跳舞課程、拍鳥、運動，但總有一個人靜下來的時候。寂寞就會像煙霧一樣從四面八方瀰漫而來。

先生走後，我看了一本書《擁抱B選項》，是臉書營運長、《挺身而進》作者雪柔．桑德伯格（Sheryl Sandberg）所寫，歷經喪夫之痛，一路走來是如何和自己的悲傷相處，再次擁抱幸福？那是一個痛失至愛後，在喪偶五年後，尋找到適合另一半的童話故事。大部分的人都不是這樣。很顯然，我應該多看點書，學習如何愛自己，和自己相處之外，再次遇見可以談心的人。什麼時候是最好的時候？如果不是對的時間，或者是錯誤的人，這時候，這麼脆弱的自己，會把自己整得更慘更狼狽。

雪柔在書裡寫著，美國男人平均在喪偶四個月，女人平均六個月後就會再約會，尋找另一半。桑德伯格在五年後，對外宣布與男友湯姆．伯恩塔爾（Tom Bernthal）訂婚，他是行銷公司凱爾頓全球（Kelton Global）的共同創始人兼執行長，同樣人生勝利組。

她面對的次序是不責備自己，尋找同溫層，互相鼓勵，讓被迫選擇人生B計劃的人，勇敢面對自己人生的不完美。她相信自己只是世上喪夫的一例，但生命之神也回應了她的勇敢，當她開始往外走時，上帝給了她另一個一樣棒的選擇。

我也是被迫人生B選項的人，我學習她的溫柔對待自己，對待別人，但我無法像她一樣的正向面對失去，所以半年多來我沒有找心理治療師，沒有向親友發洩我的哀痛，我只是讓悲傷穿越自己，允許自己傷痛三分鐘，就要拾淚而起。他的房間佈置依舊，他的衣櫃我不准任何人動，他的刮鬍水、牙刷、漱口杯，內衣褲都擺置在原來的地方。但我還是在空虛之處，讓人趁虛而入，因為寂寞。

桑德伯格的例子，合理化自己可以把摯愛包裹起來放在心室的一個角落，然後再用開放的心迎接可能的愛情。不同人就有不同的故事，不是每個人都能得到童話。尤其在我還沒有正視我的悲痛之前，任何一個人的參與，註定都是無言結局。我會在來者的身上尋找他的影子，方滿的額頭，風趣的個性，嘴邊的酒窩，還有每次洗臉完雙手往額頭一撥的瀟灑神情。而即使這些都有了，就開始比較，他沒有寬闊的胸襟，像平輩戀人一樣，遇上爭吵就要上演男人暴怒記。平時文質彬彬，喝了酒就壞了酒品，文字充滿霸凌。打叉叉的結果是，我又被迫回頭面對自己，在不斷的比較裡，我一瓢一瓢挖出我包裹的悲傷。

在看似忙碌充實的生活裡，我是空洞的，我只是在新奇的事物當中，包括感情，不斷逃離。先生走後一年半，我再度走進身心科。

失眠是最開始出現的症狀，我還沒收拾好的情緒，新來的事物太多，拍鳥、畫圖、包括新的感情關係。我不斷往外跑，就是無法待在家裡。但我真的錯了。看似被填滿的生活，我並沒有留給自己真正的空間，說白了，我根本無法面對自己。

悲傷的核心就是自己，處理悲傷就是處理自己和自己的關係。所有的外來物都是其次。我的順序錯誤，埋下我躁鬱症的種子。每天我要確認自己所有的計劃表，包括週六要回媽媽家，週日做禮拜、和朋友聚餐，每天晚上不是排跳舞課就是有約，每天忙碌而高漲的情緒，在張滿快樂的背面，是極度的低潮。一個人就覺得慌，夜裡靠安眠藥入眠，白天靠工作麻痺，再滿的活動都有結束的時候。我就會像消了氣的氣球，情緒從最高降到最低。

安眠藥已經不能控制我白天的焦慮，我開始求助身心科，因為個性太急躁，完全無法接受自己不OK，時好時壞的心理狀態，好的時候就拚命往外跑，好像要把不好的時候的自己，一起補回來。因為喜歡拍鳥，從200-600變焦鏡頭，升級到600定焦，相機裝備重量，從不到十公斤加重為十三公斤。拍鳥照，能走到戶外，能看到千姿百態的鳥模，滿足創作慾。當我分享美麗的鳥圖，其實大家看到的只是我在OK的時候，抓住當好的狀態。朋友看不見，我在躁鬱情緒循環下，越來越無法控制的悲傷情緒。

找個人陪你，就會度過悲傷了。身邊的好友都這麼勸。事實上，不是的，一個人要遇上一個對的人，天知道有多難。尤其是一個曾經被寵愛，真心愛過的人，難上加難，什麼叫曾經滄海？尤其在自己的情緒沒有處理好之前，任何人在錯誤的時間出現，都不會有好的結局，因為最終難為水。

請善待你自己

我問大嫂，要怎樣尋找快樂？

大哥在四十幾歲就因為換腎失敗去世。

大嫂很堅強地站起來撫養兩個國小和國中的兒子，還有我老年喪子的苦命老媽母。事隔十幾年，我也失去先生，也失去某種尋找快樂的能力。

怎樣尋找快樂？大嫂說就做平常做的事啊，快樂自然就來了。我為什麼要尋找？

活了半個世紀，一個嘉義長大普通再不過的女孩，當一個哥哥大十一歲，姊姊大七歲的么女，等於是獨生女。我常跟人說，我沒有故事，我不知道自己怎麼長大的，為什麼老師要選我當班長，為什麼我考上嘉女，平常不讀書，為什麼考上政大。我不是那種自己假裝不讀書，然後又考的很好的那種討厭鬼，我畫的重點是，我其實沒什麼自信，我常說，我沒有故事。

二十五歲前，我是棵藤蔓，亂長一團，直到有天攀上一棵大樹，於是藤蔓沿著這棵樹，攀爬而上，藤蔓開始伸展，離地看見了世界，探頭感受了日光。我侄子說，姑姑，愛情你已經轟轟烈烈過了，這把年紀，你不要再搞了，八點檔女主角，這個歲數，不能再那樣演。這一部愛情篇章，真的懂了什麼叫滄海難為水。大樹累了，沒辦法再支撐藤蔓，於是又散了一地。

藤蔓其實很不懂得善待自己，無次序地亂長，除了工作以外，全趴在樹上，毫無自主能力。和先生三十歲的差距，我告訴自己和先生三十歲的差距，要用雙倍的時間享受，所以他的朋友就是我的朋友，我花時間在和他及他的朋友身上，我自己呢？除了工作的同事之外，也因為太忙，相交無幾人。以往快樂俯拾皆是，他招朋引伴吃飯喝酒打牌、他相約朋友出遊，他看電視我坐旁邊或滑手機，或兩人一起追大陸劇，生活很簡單，快樂很簡單。

他走了，我幾乎斷掉和他所有朋友的連結，連他常去的餐廳也不敢再去。因為除了談他，我們沒有共同的話題。而那些話題，往往都讓我心痛不堪。回到我自己，家人的相伴是需要的，也有幾個好朋友，甚至有一個高中相交至今的好友，聽到他走了，立刻到家裡陪了我三天。

兩年來，有一年半都在跟憂鬱和躁鬱症奮鬥。我越來越緊繃，身體越發地忘記，什麼是放鬆的感覺。你不要一直告訴身心症的人，想開一點，建議他們一大堆方法，運動、健身、瑜伽……這些我都做了，但是於病情幫助有限。我知道問題在哪？因為我都是有目標性地去做這些事，因為我想早日逃離晚間白天那幾顆控制我情緒的藥。

從最開始的時候，下班後一個人的時間要做什麼？這會是個問題嗎？會的，對於一個生活突然重大改變的人，生命的走法是以秒計。曾經有身心科醫生告訴我，孫小姐你不要再那麼努力了，你就去當個廢人，廢人做什麼，你就做什麼，喝喝小酒，追追劇，放鬆自己，放過自己，日子就好過了。現在狀況有點改善，我比較安於自處了。至於他人建議的運動、健身、瑜伽……我總是三分鐘熱度，課程半途而廢，因為我並不是因為喜歡做這些事，才去做。於是乎很快我就失去樂趣和興趣。只有拍鳥是我有興趣願意持續做的事，但我總不能天天拍鳥，有一段時間常往大湖公園拍翠鳥，都快變成大湖公園管理員了。最近開始練習打乒乓球，一直告訴自己，不要再為了打發時間而打球，要在其中找到樂趣，因為惟有這樣你才能真正放鬆。我喜歡往山裡海裡跑，一回到工作日常，就成導航一樣，自動駕駛完成工作，別無其他。正如這篇章節說的，我不會善待自己，所以不要學我，如果你也跟我一樣失去另一半，有人半年，有人兩年、有人五年、有人一輩子都走不出悲痛。因為現實生活裡找不到快樂、和善待自己的方法，一旦想開了，像我大嫂說的，快樂不是用找的，就是做平常做的事，快樂自然就來啦！是呀，當一切都放鬆了，放過了自己，快樂就來了。

以往只要我先生一說要打牌，我就珍惜這一點點晚上下班的輕鬆時間，自己到百貨公司逛一逛，甚至自己買一個日式便當，自己坐在家裡，看看旅遊頻道，這樣日常的放鬆，已經足以安頓我的身心靈。有他的時候，我喜歡熱鬧，沒了他，我喜歡安靜。所以我沒有一群閨蜜可以陪伴、打發、宣洩自己的情緒。我說過了，我不會善待自己，你不要像我這樣只攀附在大樹上，不要當藤蔓，要自己也長成一棵樹、你要在平時就有自己獨處的嗜好，還要建立自己知己的朋友圈，因為他們會形成你的保護網，托住你，不至墜落。

我不懂善待自己，在明知道痛苦的過程裡，痛苦不會無故消失，你必須面對痛苦，然後找出一些可以減少受苦的方式，然後可以在愛裡面，在愛之人與被愛的過程中，讓時間尋找出口。但我一開始就選擇不敢面對，還自以為傷口已經癒合，卻沒想到看似結痂的傷口，裡面化著膿和血水，身體已經不知道是新創還是舊疤。是什麼讓自己變成在悲傷中走不出去的陰影，那個陰影其實是自己，這些道理我都懂，但真的不會善待自己，散漫的藤蔓很想幻化為一棵樹。

人生短短幾個秋，如果你也歷經巨大悲痛，不要閃躲它，正視它，接受它，輕輕告訴悲傷，請溫柔地對待我吧。

我在身心症的路上

每次換身心科醫生，都要敘述從頭，再哭一次。失去另一半的人，哭成這樣，醫生第一個反應一定是，憂鬱症！人們對於身心科，睡不著的認知，也是憂鬱症。

三個星期前，這次又轉到一位夏醫生，他很認真聽完我的狀態，然後跟我說，你不是憂鬱症，你是躁鬱！他很仔細地問我的家族史，我外婆因為妯娌不合喝農藥自殺，我父親和母親的個性都很剛烈。那你的成就遺傳自誰？我回他我不知道，也許是我母親吧！中年先生就中風，她一個人要扛起家計，照顧先生還要養三個孩子，她賣早點，包子、饅頭、肉粽、炒麵、豆漿……下午還幫人洗衣服，所有能賺錢的活，她都做。母親這邊的家族史，大舅舅酗酒，很早就中風臥病在床，三舅也喜歡喝兩杯，惟獨母親對酒精過敏，而我也遺傳了母親的體質。夏醫生和我聊了將近一個小時，他說他是一邊聊，一邊從家族史裡，尋找我的病因，我的鑽牛角尖、追求完美的個性，應該是來自母親為多。

然後拿一本他的著作解釋躁鬱症。你會有時創意不斷，開心連連，和朋友在一起，一點小事也異常興奮，感覺活力無限……是啊，正常人不都這樣？問題是我現在整個人狀況極差，我好好的時候是創意活力無限啊，幹新聞的不都要這樣，有熱情才撐得住這個耗費精氣神的工作。我一開始排斥我是躁鬱症。醫生自問自答，你一定有，大部分對工作有自許的人都有，「我也是啊」，啊，我的醫生也有躁鬱症？

你這個不是憂鬱，是睡不好讓你負面思考，不能只壓制你的鬱，這樣會讓你的躁越來越嚴重，因為沒有除躁。我先開藥你吃吃看，等到秋天到了，你的鬱期也會開始發作，到時候還要治療你的憂鬱。因為是診所，方便天天回報狀況，不然大醫院就算醫生再關心你，藥如果不適應會不舒服，你也得等一週下次看診，就這樣在第一個禮拜，我開始讓醫生為我先夏天除躁，秋天除鬱。

回想自己的狀況，以往只要新聞做的不夠好，我就會直接點名罵人，新聞戰打贏了，可以開心到滿分，身心狀況時好時壞，好的時候就拚命想還可以做什麼，讓收視率提高，一有空往外跑拍鳥，想把不好的狀況部分一起補回來，就這樣越來越焦慮，無法放鬆。二十四小時，連三小時的睡眠，我都知覺自己還在緊繃。這是不正常的，還有對生病吃藥這件事非常擔憂無法離藥，就這樣焦慮已經多於憂鬱。

開始書寫《悲傷吧，沒有關係》，是為了藉著書寫，釋放悲傷，而非自憐。我希望悲傷為我帶來力量。悲傷的核心是自我，對待悲傷的最重要課題就是對待自己。持續二十五年的新聞工作，我像一艘漂泊的船，在驚濤駭浪、暗潮洶湧中，我先生就是我的錨，他把我緊緊穩住……錨斷了。

我緊繃、焦躁、憂工作壓力，慮睡眠不足，一切的一切都因為沒有錨，船飄蕩著沒了方向。

一年半來狀況在這半年又往下走，我除了工作是精神的。我對自己的人生卻充滿絕望，在奧運轉播結束後，我向公司請了三個星期的長假。我知道三個星期我不會好，但每晚只有兩三個鐘頭的睡眠，又開始把我往下再拉。休假很快地已經過了兩個禮拜，從閱讀的案例裡，我學習把沒有安全感的負面狀態寫下來。失去另一半的苦痛、工作壓力、害怕自己身心無法復原的恐懼。一切的來自沒有安全感。找回安全感，就必須先正視它。悲傷吧，沒有關係！我書寫我的最痛，讓自己悲傷找到出口，也許不能完全交託，但至少不再全部深藏。

我不隱藏悲傷，在這段憂鬱睡眠的過程裡，身邊的朋友一個個告訴我，他們或是他們的親友，也正在或曾經經歷失眠、憂鬱、躁鬱之苦。根據統計，人的一生有三分之一的時間會面臨憂鬱，十個人就有一個人有身心問題。其實很多人都是躁鬱的，只是要看你的躁鬱是否已經干擾你的正常生活。有些人必須靠吃藥穩定情緒，有些人看起來正常，實際上卻是在自我合理化憤怒或異常開心地折磨別人或麻痺自己。過度的喜怒哀樂，都不健康。長官有躁鬱，再加上不知自制，就苦了下屬。夫妻有躁鬱，就天天尖峰相對，沒得安寧。你也許不到要吃藥控制的階段，但好好回想，讓自己控制你的情緒，不要讓躁鬱控制你。在生病之前都有過程。我現在還需要藥物幫助，提醒你，注意自己。

歐普拉和哈利王子，共同策劃了一系列關於身心症的影集，沒有經歷過痛苦，沒有陪伴過患者，你很難想像，身心症會如何啃食或摧毀一個人生。我的狀況並不穩定，曾經想過等完全痊癒後，再記錄下這一切，但悲觀的我，實在不知道何時才能重拾過去的自己，才能像大嫂說的就做平常做的事，快樂自然就會來了。**That's me you can't see.** 我會繼續努力，如果你或妳的家人也為身心症所苦，要告訴自己，你不是唯一，**You are not alone, and not lonely**。我也還在身心症顛簸的路上，紀實這一切。

後記
給你的一封信

兩年多不見，你還好嗎？

你一定很氣我現在把自己過成什麼樣子！

三十歲的差距，從來不是我們的距離，我們倆是如此截然不同的人，我自由、你保守，我悲觀、你豁達，我站在同志這一邊，你保守地無法接受同性相戀。但這些在我們身上都不重要，因為有愛。別的夫妻或伴侶在我們面前拌嘴，或互道不是，等他們離開後，我們都覺得，這事兒有這麼重要嗎？值得相吵嗎？放在愛的天秤裡，都是芝麻綠豆大的小事。你常跟人說，我和嘉蕊從來沒有吵過架，怎麼可能？原來我幾次的賭氣，拋向你的都像是丟在軟綿花上，然後你化為無形。

天堂的日子用什麼計量？也是一天二十四小時嗎？當我在很低潮的時候，當我思念你的時候，我的時間都是以秒度計。

兩年多了，時好時壞的情緒，在躁與鬱擺盪。你離開時，我裝了一小罐骨灰放在家中。我母親一直覺得人鬼殊途，不能讓陰的東西，一直擺在家中。我原本打算他日我也離去時，能將你我骨灰和上，然後一起灑上大海！那原本也是你所希望的去處。前些時候，我把你的骨灰灑向遠眺金寶山，和爺爺奶奶還有你可以遙遙相望的金山海邊，我要侄子記住這個位子，姑姑將來塵歸塵，土歸土的去處。

一年多後，我終於趁著狀況好的時間，整理了你的房間，你房間擺置了爺爺的畫像，還有奶奶，畫像前還供著十瓶小瓶裝的威士忌。

你說爺爺很喜歡荷花，他在老房子裡，練字、看書。因為血壓低，每天傍晚都要喝上一杯威士忌，遇上友人來訪，不管年幼年老，學生友人，爺爺交朋友，沒有年齡，不分尊貴，待人永遠同等，迴盪的笑聲，渾厚爽朗，那是老家，幾乎天天都有的南來北往。

我太小，將近七十歲的差距，無緣得見你最愛的父親。你說爺爺從不罵人，自由的管教，任你耍太保，不念書，晚回家，爺爺最重也只會一句「混蛋」。於是兄弟姐妹裡，有在哈佛教藝術史的哥哥，也有你這個只遺傳了喝酒，輕狂不羈的寶貝蛋。也只有這樣自由派的父親，能放任你；也幸有這樣的父親，即使你沒學得他淵博的學識，卻一直保有童真，和四海友人的開闊胸襟。

你極不愛在他人面前談爺爺，因為你和爺爺一樣，不攀高不附貴。即便有一個一代大家的父親，你說在你心裡，他，也只是你的父親。有個笑話是，有人問起，你和爺爺同姓，請問你是他的什麼人？調皮的你回答，噢，他每天跟我媽睡覺。

每年和爺爺的學生相聚，他們總在你的身影，你的笑聲笑容裡，看到爺爺的影子。哥哥和你，你跟爺爺最像，越老越像。可怎麼就不能像爺爺一樣，再多留幾年。別人在字畫裡，在書卷裡，緬懷爺爺一代大家的文思情操。我每每要淚流滿面，痛徹心扉，在爺爺的畫面裡，想到你……

緣份太深，歲月太短，思念太長。

爺爺愛荷花，學生送了一缸荷花，奶奶用雞糞養，年年開的肥美。荷花只開一季，睡蓮一年盛開，現在還在湖畔綻放著。我整理了你房間，把你對爺爺奶奶的思念，供著的威士忌酒，置放在房間一角。這裡變成一個小客廳了，我可以在這裡，畫畫、看書，可以在這裡陪你、和你一起，陪奶奶和爺爺。

我也照你的心願，讓你歸向我倆最愛的大海了。要記得，在上帝旁邊好好待著，當永恆的天使，如果還想落入凡間，慢一點，等我……

悲傷吧，沒有關係 / 孫嘉蕊作 .-- 一版 .-- 臺北市：時報文化出版企業股份有限公司，2021.11
面；　　公分 .--（人生顧問；437）
ISBN 978-957-13-9666-8（平裝）

1. 失落 2. 悲傷 3. 死亡
176.52　　110018614

ISBN 978-957-13-9666-8
Printed in Taiwan

人生顧問 437
悲傷吧，沒有關係

作者　孫嘉蕊｜**照片拍攝・提供**　孫嘉蕊｜**主編**　謝翠鈺｜**企劃主任**　賴彥綾｜**封面設計**　林采薇、楊珮琪｜**封面手寫字**　莊仲豪 IG @ zeno.handwriting｜**美術編輯**　SHRTING WU｜**董事長**　趙政岷｜**出版者**　時報文化出版企業股份有限公司　108019 台北市和平西路三段 240 號 7 樓　**發行專線**—(02)2306-6842　**讀者服務專線**—0800-231-705・(02)2304-7103　**讀者服務傳真**—(02)2304-6858　**郵撥**—19344724 時報文化出版公司　**信箱**—10899 台北華江橋郵局第九九信箱　**時報悅讀網**—http://www.readingtimes.com.tw｜**法律顧問**　理律法律事務所　陳長文律師、李念祖律師｜**印刷**　勁達印刷有限公司｜**初版一刷**　2021 年 11 月 26 日｜**定價**　新台幣 320 元｜缺頁或破損的書，請寄回更換

這巨大的悲傷會像海嘯一樣，襲捲而來，那樣的衝擊，
也許半年，也許一年，悲傷只是被我埋在很深的地方，
他還在那裡等著，等著我面對。

當你失去另一半的時候，最難的是面對自己。
當你知道痛苦是不可能消失的時候，最可貴的是，
你還有意志力，讓受苦更少一些。

我應該回他，好，以後我們就生生世世約定，
誰也不能負誰，但下輩子不要跑那麼快好嗎？

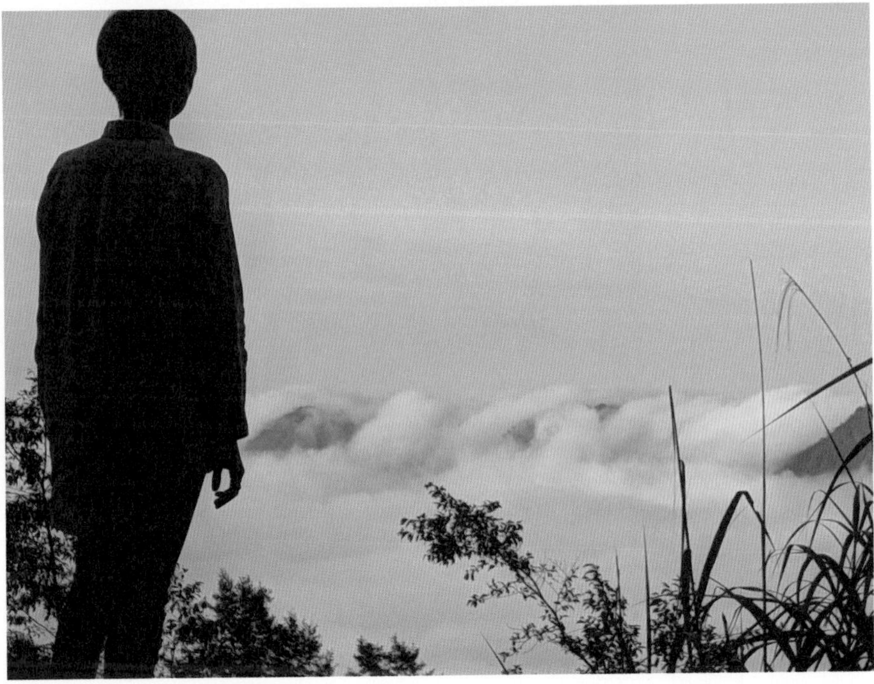

人生短短幾個秋，如果你也歷經巨大悲痛，
不要閃躲它，正視它，接受它，
輕輕告訴悲傷，請溫柔地對待我吧！